単価を上げても選ばれ続ける

ひとり社長ブランディング

小澤 歩
Ozawa Ayumu

日本実業出版社

はじめに

この本を手に取った方は、おそらく何かのビジネスをしている方でしょう。ビジネスにもよるかもしれませんが、１人でビジネスをしていると、最初のうちは、相手（お客様）の言い値で請け負うことになったり、提示した金額を値切られたりすることもあるかもしれません。

では、自分の商品・サービスの単価が高くても、お客様のほうから喜んで選んでくれる、買ってくれるようになるとしたら、どうでしょう？

それができるのが「ブランディング」です。

近年はブランディングという言葉が一般的になりました。でも、まだまだ大きな企業が行っているイメージだと思います。しかし、ブランディングは、企業だけのものではありません。「ひとり社長」といわれる、1人で会社や事業を行っている人にこそ必要なものなのです。

私、小澤歩は2002年に広告デザイン会社のひとり社長として起業しました。しかし、すぐに価格競争に巻き込まれて、毎回のように値切られる状況でした。単価を安くして、お願いをして仕事をもらっていましたので、お客様との上下関係もできてしまい、ますます強く出られないという悪循環に陥っていました。

そこでブランディングを実践することにしたのです。

当時のブランディングは、企業など規模が大きなところが行う戦略という認識でしたが、戦略づくりのプロセスの中にあるエッセンスは取り入れられました。それらを組み合わせていくことで、ひとり社長でもブランディングを行うことができたのです。

それまでと最も違うのは、「元々の商品・サービスであるデザインを売るのではなく、お客様の良い結果を提供しよう」と意識と行動を変えたことです。

そのために何をしたらよいかと戦略を立てて、ブログやSNSを活用することで、小さくても大きなアピールができます。

そして徐々に値上げをしていき、最終的にはデザインの単価を10倍以上にすることができたのです。しかも営業をせずに、高くても喜んでお金を払ってくれるお客様が集まってくることになりました。

ブランディングは、小さい会社でもちゃんと成果を出すことができるのです。

現在は、ブランディングのコンサルタントとして、起業家や中小企業経営のサポートをして成果を上げています。

この本は、それらの経験をまとめて、さらにひとり社長に特化させた内容です。ひとり社長ならではの強みのつくり方、発信のしかた、人間的要素をブランディングに盛り込む方法など、競合がいても自分を選んでもらうための実践的な方法を取り上げています。

大きな予算もかからず、今までやっている、またはこれからやろうとしていることの意識や視点、行動を少し変えるだけでできるノウハウをすべて解説いたしました。

みなさんが確実に実践できるよう、難しい言葉は使わず、すべての項目に図解を入れて、直感的に理解できるようにしています。巻末には、強みを見つけ出すためのシートや、肩書、プロフィールをつくるシートなど、ブランディングに使えるシートもつけました。

まずは自分のできそうなところから始めていただき、継続してほしいと思います。

普段からなにげなくやっていることでも、ブランディングを踏まえてやるだけで、成果は大きく変わってきます。

ひとり社長ブランディングで、良いお客様が集まり、ビジネスが安定するばかりか、ますます楽しく仕事をしていくことができます。ぜひこの本でそれを叶えていきましょう。

2023年４月

小澤 歩

単価を上げても選ばれ続ける　ひとり社長ブランディング

目次

第2章

ひとり社長ブランディングで最も大事な11のポイント

第3章

ブランディングの価値を高める視点の見つけ方・打ち出し方

第4章

ブランディング全体の構築のしかた、伝え方

第5章

単価を上げても選ばれるプロモーション術

第6章

ひとり社長ブランディングの自分戦略

第7章

ひとり社長ブランディングを成功させる視点

カバーデザイン／吉村朋子
本文DTP／一企画
企画協力／ネクストサービス株式会社　松尾昭仁

第1章

ひとり社長ブランディングで何が変わるのか

01 ひとり社長のブランディングは大企業とは違う

――「安さ」で選ばれると替わりはいくらでもいる

近年、日本でもブランディングという言葉をよく耳にするようになりました。ブランディングというと大企業が行うものという認識の方もいるかもしれませんが、そうではありません。

今は同じようなモノやサービスが溢れている世の中です。そこで１人でビジネスをしていると、選んでもらうためについつい安売りをする方向に行きがちです。あるいは、お客様にお願いをして選んでもらうようになり、安さだけでなく短い納期など過剰なサービスで対応するようになってしまいます。それでは規模の大きな企業に勝てるわけはありませんし、価格の安さで選ばれるのでは、替わりの人はいくらでもいます。

そこで、価格の安さとは関係なく、売り込まなくてもお客様に選んでもらえるブランディングが重要になるのです。

―― 自分の行動を変えるだけでブランディングになる

本書でいうブランディングとは、新たな価値を見つけてアピールすることです。アップルやコカ・コーラといった大企業のようにCMやキャンペーンを打つことではありません。

ひとり社長のブランディングは、「新たな価値をつくる」だけでよいのです。

そこで、「ひとり社長」が逆に武器になります。せっかく１人でやっているのだから自分を出せばよいのです。これは大きな企業にはできないことです。今はSNSなどで人柄もアピールしやすい時代になりました。また１人ならではの小回りがきくことや、意思決定が早いことなども大きなアピールとなります。

ひとり社長のブランディングに成功している人は、必ず１人であることの強みを意図的にアピールしています。つまり、ひとり社長のブランディングは、あなたが普段なにげなくやっていることの意識や行動を少し変えるだけで可能となるのです。

「安さ」以外で選ばれるように

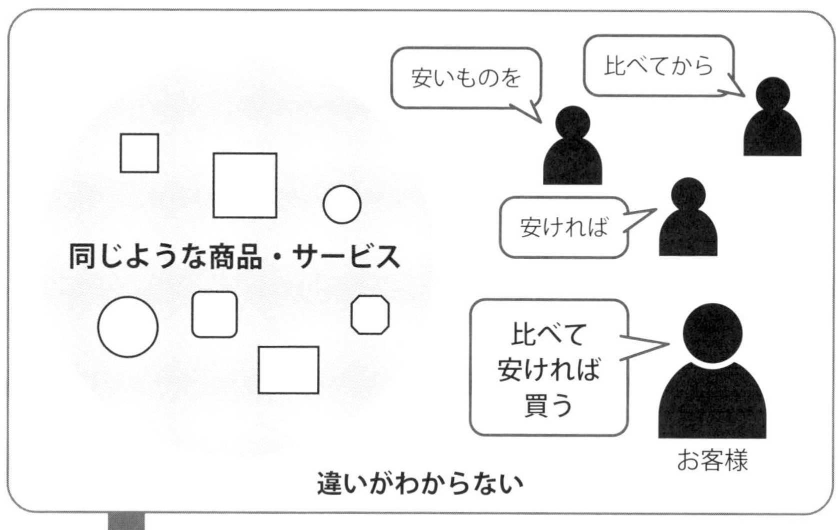

ブランディング ― 認知度を高める

大資本を投下して
商品名、機能、デザインを衆知させる

ブランディング ― 新たな価値をアピールする

- ひとり社長のよさ
（人柄、機動力、責任感、スピードなど）

- 商品・サービスの使いやすさ
（見ただけではわかりにくい機能、
思いがけない使い方など）

商品ではなく利用したあとの「結果」をアピールできる

―― 消費者は購入した結果の喜びを買っている

ブランディングで成功する人は、商品やサービスを売っているわけではありません。どういうことでしょうか。

お客様が買っているのは、購入した商品・サービスを使った際の「良い結果」や、その後の喜びや満足感といった感情なのです。

例えば、別にほしいと思っていない何かを、誰かに突然「これ買いませんか？」と言われたらどうでしょう？　必要でないのだから「お金を払いたくない」と思いませんか。これは当たり前の感情です。それでも買ってください、ということであれば、じゃあ仕方ない…安ければ考えるよ、となります。つまり価格の安さで選ばれるわけです。

―― 結果をアピールするとお客様の行動につながる

最近では企業でも、商品やサービスを前面に出すよりも、利用した結果の喜びをアピールすることが多くなりました。

小林製薬の「熱さまシート」というネーミングは、その名の通り「熱を冷ます」という結果を表しています。

おでこに貼るシートという新しい概念の商品だったので、結果をアピールすることで、どのようなものかが認識されやすくなりました。

保険会社では、家族が幸せに暮らす写真をホームページなどのメイン素材に使って、保険に入った結果の安心できる暮らしをアピールしています。

あなたがコンサルタントであれば、サービスを提供した結果として「企業の売上アップ」や「社員が自発的に動くようになる」などを示します。飲食店であれば「美味しい食事で大切な人と楽しい時間を過ごせる」「レアな食材による珍しい食体験」などになります。

『ドリルを売るには穴を売れ』（佐藤義典、青春出版社）という本のタイトルにあるように、何かモノを売っているのであれば、商品を購入したお客様がどのような結果になるかを考えて、そこをアピールすることでブランディングになるのです。

ブランディングでは売るものを変える

これまでのやり方

商品・サービスそのものを売る …より安ければ買う

ブランディング

ブランディングで結果をアピール

利用した
その結果を売る

- 知識が身につく
- 家族が幸せになる
- 楽しい時間を過ごせる
- 快適な暮らしになる
- 健康になる
- 利益が上がる
- 会社のイメージアップになる
- 話し方が変わる　など

使ったり、利用した後の
良い結果をイメージさせる

03 ビジネスの価値が「見える」ようになる

── やり方が違うと効果がない

「ブランディングをしてみたけど、何も変わらなかった…」という方がいます。それはブランディングに対する勘違いから起こります。

ブランディングは曖昧にとらえられることが多く、例えば「ブランディング」とネットで検索をしてみると、会社ロゴをつくることがブランディングだったり、ホームページをリニューアルすることだったり、服装をコーディネートすることだったりと、様々にとらえられています。

たしかにそれもブランディングの一部であることは間違いないですが、あくまでもその手段の１つに過ぎません。

── ブランディングはあなたのビジネスそのもの

ひとり社長のブランディングは、モノやサービスの価格が高くても選ばれるために行います。そのために**自分の価値を高めて競合との違いを打ち出す**わけです。

ということは、ブランディングはあなたのビジネスや経営そのものといえます。そこでまずは、自分がこれからどうなりたいか？　最終的に世の中にどんな貢献をしたいか、という理念をはっきりさせることからスタートします。

例えば、「小さな企業を元気にして日本を活性化したい」「世の中を健康で笑顔にしたい」といったものです。この想いが、あなたの価値の基となり、ひとり社長として人々に共感されるようになります。

その想いが根底にあって、どこの市場で、どこのエリアで、どんな属性で、どのようなお客様にどのような価値を提供するのかを決めていきます。

それらをお客様に届けることが、ひとり社長のブランディングなのです。

まずは根本の、どのような市場のお客様にどのような価値を提供していくのかという経営の目的から考えていきましょう。ビジネスの価値を明確にすることで、お客様に伝えやすくなるのです。

お金をかけることがブランディングではない

ブランドで思い浮かべるのは
有名企業、高級品…

ひとり社長ブランディングは

・自分の価値を高める

・競合と差別化する

例えば、マッサージ店

ひとり社長ブランディング

理念 社会にどんな貢献をしたいか	世の中の人を健康にしたい
● 自分の商品・サービスは何か	足裏マッサージ
● どのような価値があるか	内臓から身体を改善する
● 価値をどう伝えるか（営業活動）	健康な生活をアピール

高価でも選ばれる

04 ブランディングすると自分が目指す姿が明確になる

――「自分がどうなりたいか」が大事

ブランディングは戦略なので、自分が売れるという目的のために何をするべきか、という思考で動きます。

いきなりホームページやパンフレットをつくるとか、新規商品やサービスを思いつきでつくったりしてはダメです。まず、**自分はどうなりたいかという目的を明確にして進めていきます**。何を目指しているかによって、やるべきことが変わってくるのです。

―― 目的があると、やるべきことが明確になる

また、目的を明確にすると現状の把握もしやすくなります。売上を増やしたいのであれば、具体的にどのくらいの売上にしたいのか、金額（目的）を決めます。そのうえで、客数や単価、リピート回数などの現状を分析してみると、改善すべきところが見えてきます（169ページ、182ページ〈シート１〉）。

例えば、飲食店の客数が足りないのであれば、新規客を集める施策としてチラシの作成、グルメサイトへの登録などが考えられます。客単価が低いのであれば、追加注文を促すPOPの作成、メニューの改善、お客様への声がけなどの具体策を考えます。リピートが少ないのであれば、ショップカードやアプリに登録してもらうなどが考えられます。

目的があると「そのためにどうするか？」が明確になります。その結果、目的の達成が効率よくできるのです。

さらに言えば、売上を上げるといった目的だけでなく、「○○な反応をしてほしい」から、ホームページの内容や表現を考える、「□□と思ってほしい」から、対面での話し方や見た目を考えるなど、日々のブランディング活動も、このような思考で動くようにします。

ひとり社長のブランディングは、常に「こうなりたいからこれをする」という戦略思考で動いていくことが大切です。

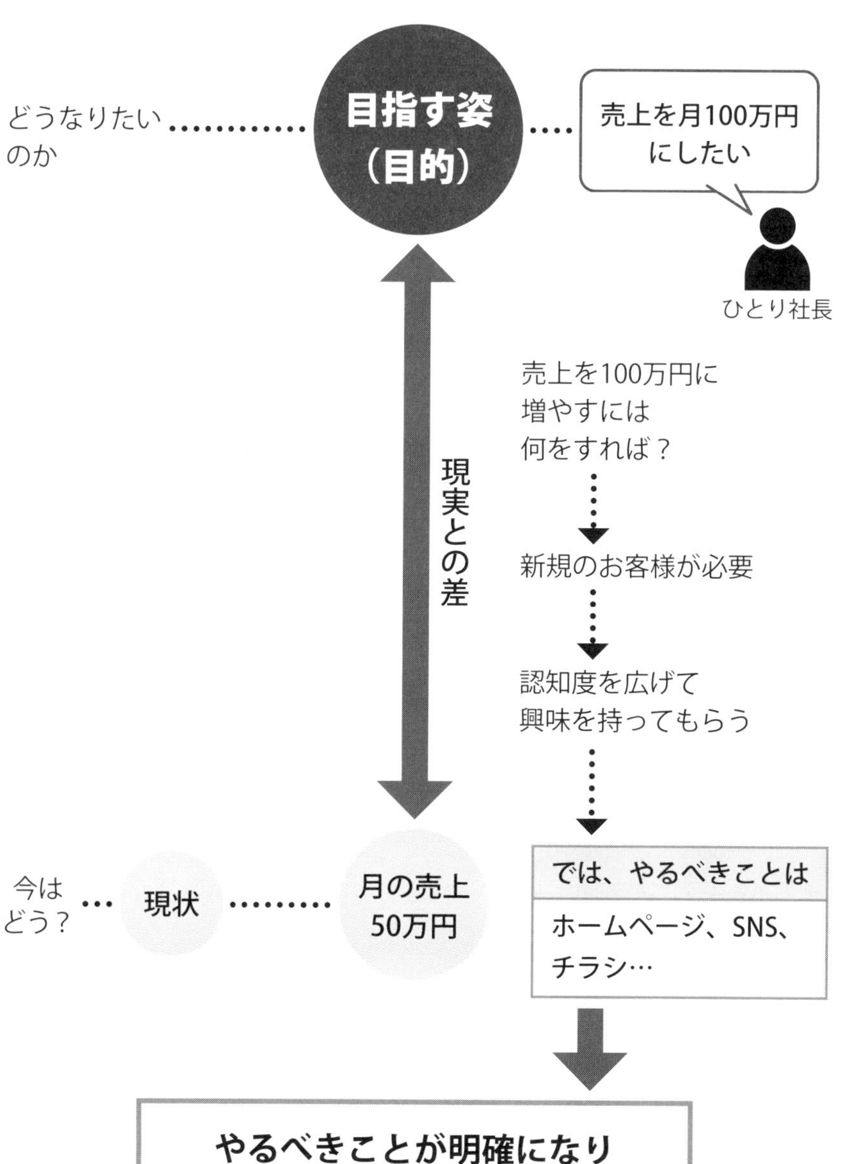
目指す姿から考えるとやることがわかる
どうなりたいのか
目指す姿（目的）
売上を月100万円にしたい
ひとり社長
現実との差
売上を100万円に増やすには何をすれば？
新規のお客様が必要
認知度を広げて興味を持ってもらう
今はどう？
現状
月の売上50万円
では、やるべきことは
ホームページ、SNS、チラシ…
やるべきことが明確になり
戦略的に考えられる

05 社会に何を提供するかの「理念」で共感される

―― ブランディングになくてはならない「理念」

あなたはなぜ今の仕事をしているのでしょうか？　この仕事を通じてどうしていきたいのか？　その根本のところの「理念」を明確にします。

理念とは、行動を決めるための基本的な考え方です。理想とするビジョンを実現するために、どのように行動するかの行動指針ともいえます。

また、**理念はあなたを動かす力になるもので、ひとり社長のブランディングでは最も大切**です。

多くの企業には理念があります。

アマゾンは、「地球上で最もお客様を大切にする企業」。

ユニクロは、「服を変え、常識を変え、世界を変えていく」。

サントリーは、「水と生きる」。

仕事をして稼ぐことは１つの目的ですが、その先に「最終的に社会にこういう貢献をしたい」という理念があることで、お客様に共感してもらうことができます。

―― 自分の理念を改めて考える

あなたは自分の仕事を通して何を成しとげ、社会にどのような貢献をしたいのでしょうか。

自分の好きなことで独立しているのであれば、「なぜ好きなのか？」を考えてみます。例えば、子供の頃に絵を描いて周りの人が喜んでくれたからデザイナーになった、ということであれば、理念は「デザインで多くの人に幸せを届けたい」というようになります。

お金持ちになりたいから、という人もいるかもしれません。それでも構いません。ただし言葉を換えてみます。「自分がイキイキとしている姿で多くの人に勇気を与えたい」というようにすれば、お金持ちになった結果、多くの人が憧れる存在になるというように理念を表すことができます。

今のあなたをつくっている背景やストーリーが、多くの人の共感を得られれば、自分を高く売ることができるようになるのです。

共感されることが最も大事

なぜ、この仕事をしているのか？

儲かりそう
だから
誘われたから
何となく
面白そう
だから
?
社長
お客様

共感されるビジネス

理念

その仕事で社会に
どのような貢献をしたいのか

デザイナー …… デザインで多くの人に幸せを届けたい

税理士 …… お金のことで困っている人を助けたい

Webデザイナー …… Webづくりに苦労したので、そんな人の力になりたい

お客様（うんうん）→ 共感

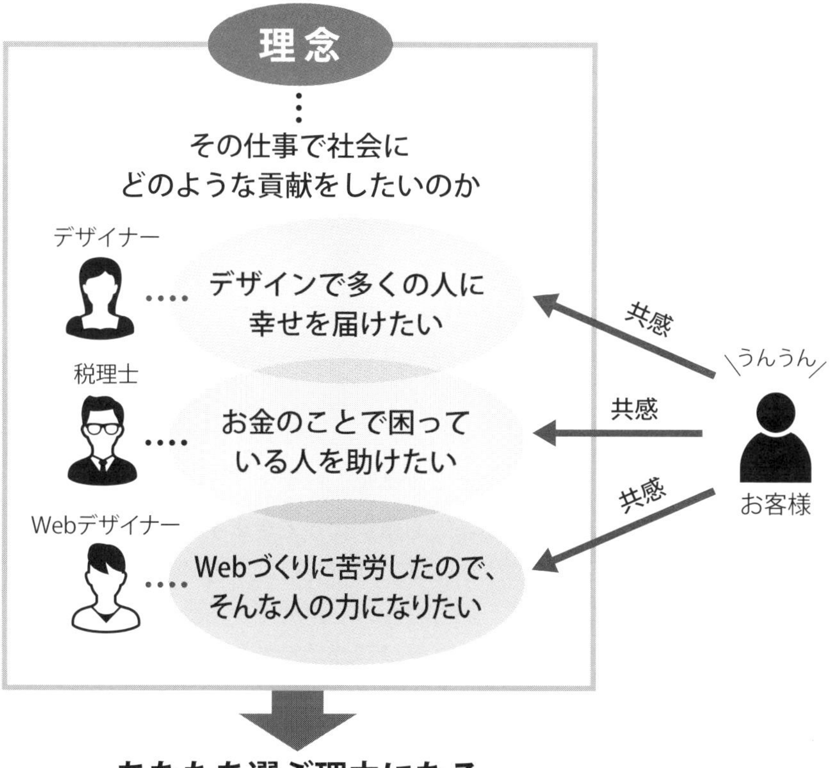

あなたを選ぶ理由になる

06 価値を高めて相手に差別化してもらう

―― 差別化は自分が判断することではない

ブランディングの目的は大きく分けて２つあります。１つは、「自分の価値を高める」こと。もう１つは、「競合と差別化する」ことです。

価値を高めることで価格を上げることができ、差別化することで選ばれやすくなるのです。

誤解してほしくないのですが、価値を高めることや差別化は、自分が判断することではありません。お客様が判断することです。お客様が「あの人（商品・サービス）は、自分にとって必要（価値がある）」、と思ってくれたら価値が高まります。そして、「あの人は他（競合）と比べてここが違う」と思ってくれたら差別化が成立します。

自分で「これが価値です」とか、「ここで差別化しています」と言っても、相手がそう思ってくれなければ意味がありません。

―― 差別化のポイントは絞り込む

どのように価値を高め、差別化していくかは様々なアプローチがあります。例えば、日本コカ・コーラの「い・ろ・は・す」は環境という点で他の天然水と差別化をして、環境問題に興味がある人や、他人からそのような印象で見られたい人にとって、価値あるものとして認識されています。

スターバックスは「サードプレイス」としてコーヒーと場所を提供することで他のコーヒーショップと差別化していますし、会社や自宅以外に自分の別の場所がほしい人にとっては価値があります。

実は、ひとり社長は些細なことでも差別化ができます。１人なので、すぐに連絡がつくというのも、大手企業にはできないことで、忙しいお客様にとっては差別化になります。お客様が何を求めているか？　その求めに自分は応えられて、他ができないことは何か？　を考えてみましょう。

ポイントは「アピールすることを絞り込む」ことです。例えば、「ブライダル専門のエステ」というようにターゲットで絞り込んだり、「建設業専門の行政書士」というように業種で絞っても差別化することができます。

自分で「価値」や「差別化」を言っても無意味

ひとり社長ブランディングの目的

1 価値を高める

2 差別化する

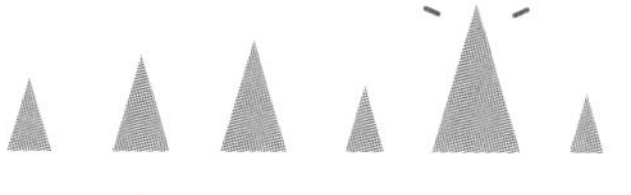

Dさんは
△△の部分が自分の役に
立ってくれる

Eさんは
○○のところが
他と違う

**お客様が認識して
はじめて価値が
高まる**

お客様

**お客様が認識して
はじめて差別化
される**

ポイントは

**アピールすることを
絞り込む**

「〜といえば、○○」と認識される

―― 区別して認識してもらえれば強い

ブランドとは、他にも同じようなものがある中で、区別や識別して考えてもらえる概念のことです。

例えば、あなたがコンビニに行って、「い・ろ・は・す」というペットボトルの水を見た時に、他にも様々な水が売られている中で、その「い・ろ・は・す」を認識できるのであれば、あなたにとって「い・ろ・は・す」がブランドとなっているのです。

「い・ろ・は・す」を認識できていれば、「い・ろ・は・す」に対して何かしら感じることが必ずあるはずです。例えば「キャップが黄緑色」「ボトルをクシャッと潰せる」「エコっぽい」「どこのコンビニでも売っている」など、何らかの印象を持つことになります。常にそう感じてもらえると記憶から消えることがなく、とても強いブランドになったといえます。

―― 良い印象で認識されるようにブランディングする

そこで「キャップが黄緑色のお水といえば、い・ろ・は・す」という、その商品に対しての印象ができ上がることになります。この、ある特定のものに対しての印象をブランド・イメージといいます。ある人にとっては「ボトルをクシャッと潰せるお水といえば、い・ろ・は・す」となり、ブランド・イメージは人によって異なります。

つまりブランドになるということは、「〜といえば、○○」というイメージを持たれることです。

ひとり社長としては、まず「〜といえば、あなた」と認識されることが、第一歩です。さらに、選ばれるためには、この「〜といえば」が、他と違うもの、つまり**差別化された状態で認識されることが必要**です。

ブランディングを通じて、他にも同じようなビジネスをしている人がいる中で「売上アップを請け負うコンサルタントといえば、○○さん」というように、あなたを選ぶ理由になるような良い印象を持たれるようにしていくのです。

他にもたくさんある中で…

い・ろ・は・す

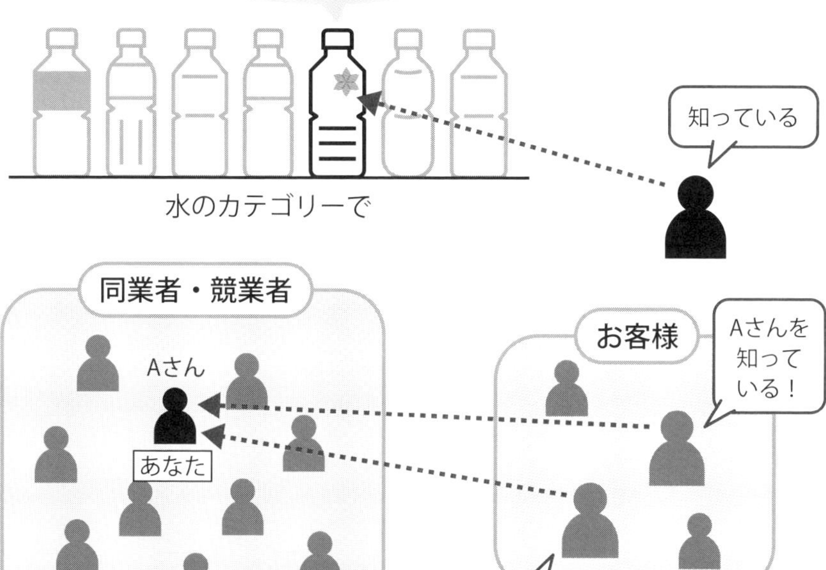

「知っている」（認識）ということは何らかの印象を持っている

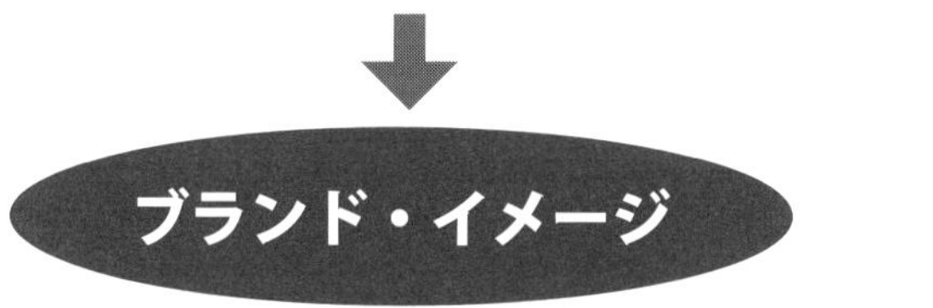

「……といえば、あなた」と、良い印象で認識される

選んでもらう理由になる

08 お客様の「マインド・シェア」を取る

―― **心の中の存在感を上げる**

大きなビジネスでは市場のシェアを取ることが大切ですが、規模の小さいひとり社長は、そのようなことを考える必要はありません。

ひとり社長ブランディングで目指すのは、お客様の心の中であなたの存在をいかに大きくするかという「マインド・シェア」の獲得です。アメリカの著名なコンサルタントであるジェイ・C・レビンソンも「スモールビジネスは市場のシェアではなく顧客のマインド・シェアを取ること」と言っています。

マインド・シェアとは「～といえば、○○」の「～といえば」と考えた時に、確実に「あなた」だと思われることです。革新的なパソコンといえばアップル、お洒落な空間でゆっくり過ごせるコーヒーショップといえばスターバックスというように、ある人の心の中で、その存在が大きくなっている状態になることです。

―― **「～といえば」は小さなところで１番を目指す**

では、ひとり社長は、どのような「～といえば」を目指せばよいのでしょうか。

「経営コンサルタント」といえば○○さん、「コーチング」といえば○○さん、「Webデザイン」といえば○○さん、というようなカテゴリーでは大きくて広すぎます。このようなマインド・シェアを取るにはその業界の第一人者にならなければなりません。

ひとり社長のマインド・シェアは小さなところで１番を取るようにします。

「人材育成に優れていて、社員と一緒になって会社のために動いてくれる経営コンサルタントといえば、○○さん」だったり、「経営者が迷ったときに決断の背中を押してくれるコーチといえば、○○さん」というように、絞った状態で認識されるようにします。つまり、**特定のニーズを持つ人に「～で自分に役に立ってくれる人」という思われ方をする**ことです。

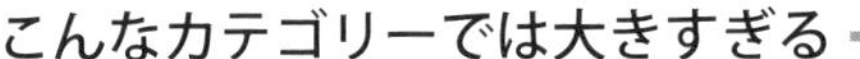

こんなカテゴリーでは大きすぎる

- ✕ 経営コンサルタント
- ✕ コーチング
- ✕ Webデザイン

ひとり社長は
小さなところで
1番を目指す

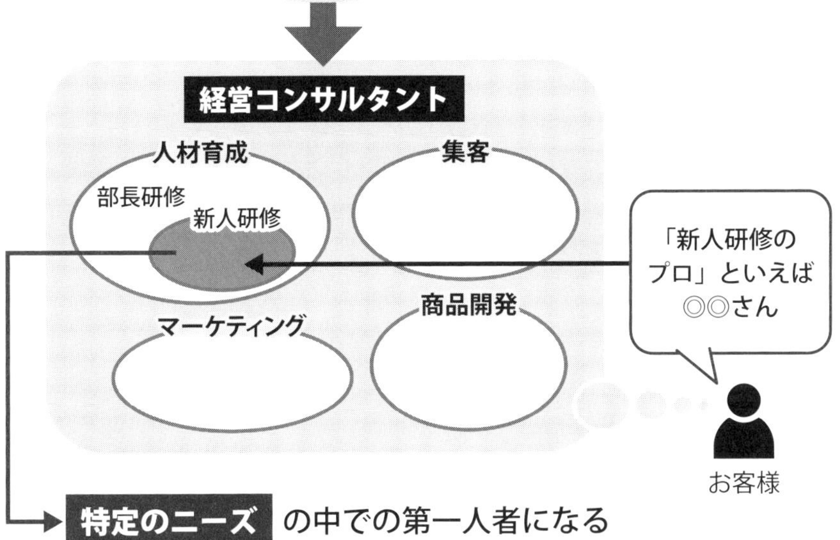

特定のニーズ の中での第一人者になる

**ここを考えるのが、
ひとり社長ブランディング**

ブランディングをする4つのメリット

ブランディングで価値を高め、競合と差別化することができると、以下のような様々なメリットがあります。

―― 値下げをしない、価格競争から抜けられる

最も大きなメリットは、販売価格を自分で決められることです。つまり値下げをせずによくなり、さらには値上げができるようになります。これは弱い立場と思われがちなひとり社長にとってはとても大切です。**必要な人に必要な価値を提供するので、たとえ価格が高くても喜んで選んでもらえるようになる**のです。

―― 営業・販促の効率化

あなたの提供する価値が明確になることで競合との差別化ができ、販促や営業の効率が高まります。あなたの提供価値を認識してくれると指名買いしてもらえるようになり、やみくもに売り込みをしなくてすむのです。どのような価値を提供しているかが明確なので、紹介やSNSなどでの口コミも起きやすくなるメリットがあります。

予算をかけなくても、良いお客様が集まってきます。お客様のほうからあなたを選んでくれるので、リピートや継続利用をしてもらえるようになります。こうなると、あなたのファンになっていくのです。

―― 協力者が集まる

あなたが目指している姿や提供する価値に共感する協力者が集まります。１人でビジネスを行っている場合は、他の専門家と共同で仕事をしなければならないこともあり、とても重要です。

―― 採用の効率化

あなたが今後スタッフを入れたいと考えているのであれば、採用にも大きな効果があります。先の協力者と同様に、あなたの理念や価値に共感した人が、一緒に働きたいと集まってくるのです。

売ることだけではないブランディングのメリット

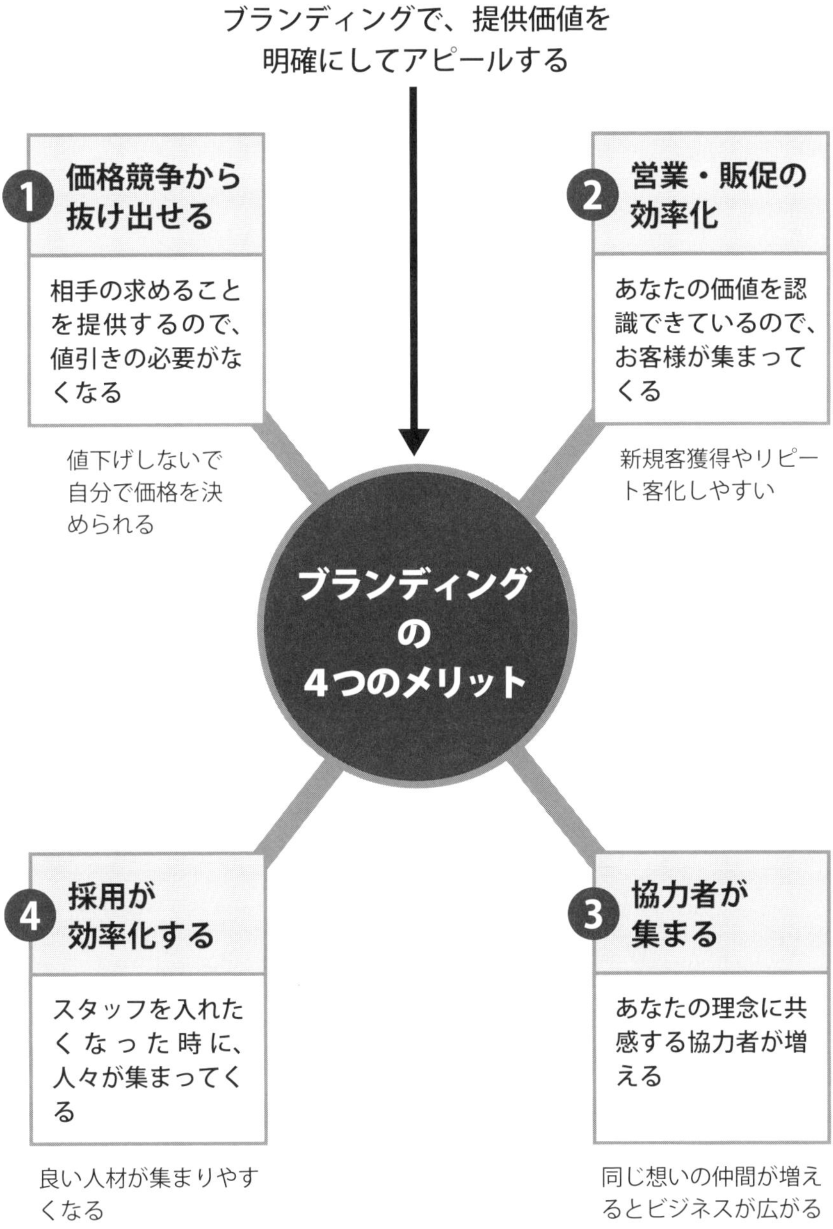

ブランディングで、提供価値を
明確にしてアピールする

ブランディングの4つのメリット

1 価格競争から抜け出せる

相手の求めることを提供するので、値引きの必要がなくなる

値下げしないで自分で価格を決められる

2 営業・販促の効率化

あなたの価値を認識できているので、お客様が集まってくる

新規客獲得やリピート客化しやすい

3 協力者が集まる

あなたの理念に共感する協力者が増える

同じ想いの仲間が増えるとビジネスが広がる

4 採用が効率化する

スタッフを入れたくなった時に、人々が集まってくる

良い人材が集まりやすくなる

10 「ひとり社長」を最大に利用できる

―― 意思決定が早くブランディングしやすい

ひとり社長は、いうまでもなく大手企業と比べて規模ははるかに小さいです。しかし視点を変えてみると、１人であることが強みになることもあります。

16ページで述べたように、ブランディングは経営そのものですが、大きな企業では全社員が同じ方向を向いて足並みが揃わなければ、なかなかうまくいきません。しかし、**１人であることで、あなたがすべての意思決定をできます**。そのためブランディングをしやすいメリットがあります。

―― 小回りがきいて早い

ほかにもスピード感や小回りでは大手企業に負けることはありません。「相談してまた連絡します」というセリフは絶対に言いません。あなたの判断で、その場で即決できるので、お客様もあなたに依頼しやすくなります。これも強みとしてアピールしましょう。

―― 担当が変わらないので安心

また、ひとり社長は、お客様にとってあなたがすべての窓口であり、すべての部署でもあります。ということは、お客様の担当者はあなただけです。大きな企業の場合は担当者が異動で変わることもありますが、あなたがずっと担当でいてくれるので安心感につながります。

―― 人柄（社風）を伝えやすい

お客様にとって取引先の社風は、その会社を選ぶ要素の１つになります。しかし取引先の担当者から社風などは感じられませんし、ホームページを見ても正確にはわかりません。しかし、ひとり社長であれば、あなたの人柄がそのまま社風になります。人柄（社風）で選んでもらえる確率が高まるのです。

あなたの扱う商品・サービスの魅力に加え、ひとり社長としての強みを最大限に利用することで、**大手企業とは違う部分をアピールをすることができる**のです。

アピールできることは実はたくさんある

弱みばかり考えがち

- 規模が小さい
- 知られていない
- 予算がない
- 歴史がない
- 看板がない
- バカにされる　…

特徴のない
単なる小さな会社

他ができないことで、自社ができることがあっても、アピールしなければ強みにならない

1人の強み

1人ならではの
強みにフォーカス

とはいえ、
普通に考えても
見つからない…

そこで、他の企業や
競合と比べてみる

- 自分の思い通りになる
- 小回りがきくスピード感
- 人間味が伝わる
- 意思決定の速さ
- 嫌なお客とは付き合わない

仕事のやりやすさや
スピードを強みに！

11 お客様はニーズ解決に対しては お金を払う

―― そのモノがほしいのは結果を求めている

人がモノを買う理由は、それがほしいからではありません。**購入した商品やサービスで、自分のニーズを解決したいから買う**のです。ニーズというのは、その人が困っていることや悩んでいること、望んでいることです。人間はこのニーズをもとに行動します。

商品を売るのではなく「結果」や「感情」をアピールするというのは、そのニーズを解決した結果やその時の感情ということになります。

コーラを買う人は単にコーラが飲みたいのではなく、スッキリした気分になりたいという根本的なニーズがあるから買うのです。コーラはそのニーズに応えていることになります。

歯医者に行く人で、歯の治療を求めている人は少ないはずです。もちろん治療はしてもらいますが、治療したあとの効果を求めているわけです。歯が痛いからどうにかしたいというニーズや、甘いものや固いものを食べたいというニーズを満たすために歯医者へ行くのです。

―― ニーズを解決できれば価格を高くできる

ブランディングでは、商品・サービスそのものではなく、ニーズを解決できるとアピールすることで、必要なものであると認識されて、選ばれるようになるのです。

商品・サービスがほしいわけではないので、商品そのものをアピールしてしまうと、ほかにも同じような商品・サービスがあるのであれば、安くしなければ選んでもらえません。

「売上を上げたい」「社員に成長してほしい」「健康な暮らしがしたい」など、お客様が本当に望んでいるニーズを解決できることがわかれば、価格が基準ではなくなり、その方法や得られる満足の度合であなたを選ぶことになります。その結果、価格が高くても選ばれるようになるわけです。

ニーズに直接アピールする

［商品・サービスそのものをアピールすると、
他との違いがわからない］ 他も同じアピールをしている

人が求めていることをアピール

結果

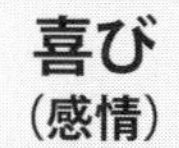

モノ（商品）	結果	喜び（感情）
機能や特徴	ニーズを解決して得られること	望む結果になるとどうなるか
⋮	⋮	⋮
独自の施術法、資格 ＜	腰痛や肩こりの解消 ＜	体の不調がなくなり快適な暮らしができる

12 圧倒的な違いではなく些細な違いでOK

―― 最終的にお客様に選ばれればよい

ひとり社長のブランディングはアップルやグッチ、ロレックスなどのように高級なイメージや超高品質を打ち出すものではありません。圧倒的な存在になるのではなく、最終的にお客様にあなたが選ばれることを目指します。

飲食店に行く時にいくつか候補があって、最終的に「A」というお店にしたという経験はありませんか？　お店の佇(たたず)まいや看板のデザインがよいとか、席が広そうだとか、のんびりできそうだから、窓が大きくて陽の光を浴びられそうだから、以前SNSで見かけてこだわりを感じたから、といった些細(ささい)な理由かもしれません。

どのような理由であっても、「A」が選ばれたわけですから結果は同じです。この**些細な違いでも選ばれる理由は、お客様にそこを選ぶ理由、つまりニーズがあるから**なのです。

―― アピールできる些細なことはたくさんある

ブランディングの目的は競合との差別化で、お客様の選択肢にあるいくつかの競合の中から選ばれればよいだけです。

１人でコンサルタントをしていると、規模では大手にとてもかないませんが、SNSでの人柄や実績などの発信で選ばれることがあります。このように人柄だったり、距離感やスピードだったり、ネーミングや提供方法、サービスメニューの種類、デザインやSNSの投稿の印象だったりと、ひとり社長には競合と比べて些細な違いを出せることがたくさんあります。

大きな違いでなくてもお客様が他と違うと感じてくれればよいだけなので、この違いをアピールしていくことがひとり社長のブランディングです。

極端にいうと「まあ、これでいいか」と妥協で選ばれてもよいのです。妥協とはいっても、他のいくつかの選択肢の中であなたがトップになって選ばれたわけですから、ひとり社長としてのブランディングの目的は達成しているのです。

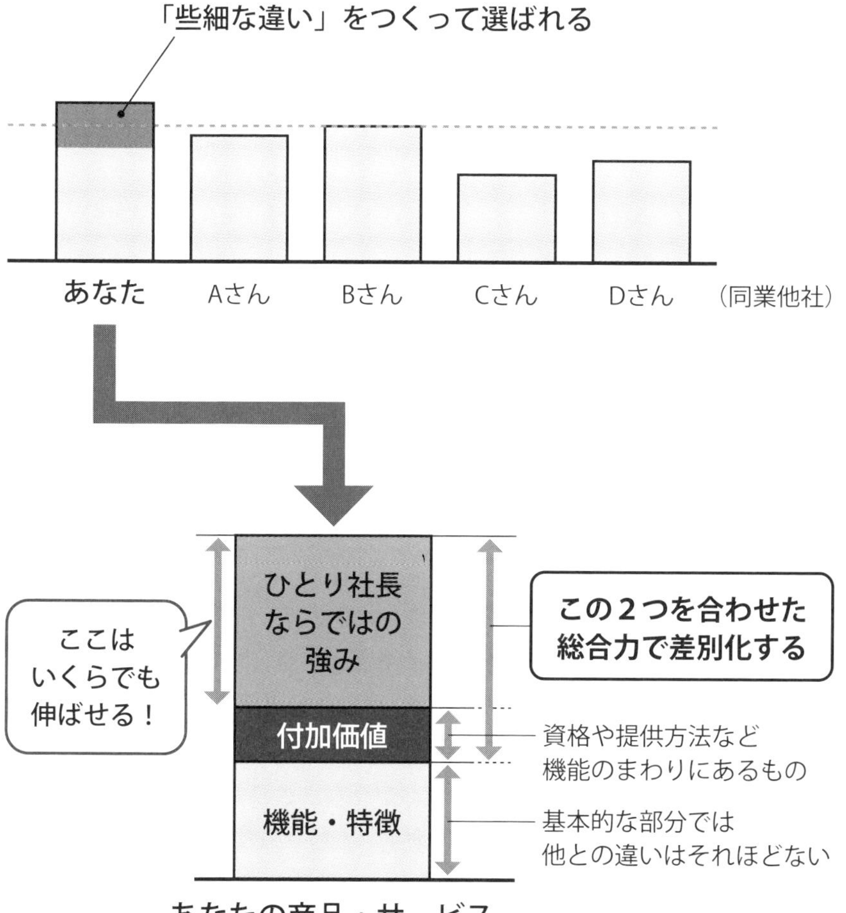

お客様は機能・特徴
だけでなく
総合的に判断する

小さな「Yes」を続けて大きな「Yes」へ

「今日はいい天気ですね～」「御社の最寄りは○○駅なんですね」

なにげない雑談に聞こえるかもしれませんが、対面でのビジネスでは大切な言葉がけです。お客様と対面する際は、心を開いてもらい信頼関係を築いたり、こちらの提案を受け入れてもらいたいと考えます。そして、これはそのための会話なのです。

営業の現場でもよく使われる心理学で、相手から同意を引き出す「Yesセット」という手法があります。相手に必ず「はい（Yes）」と答えてもらえる質問を用意して、それを何度か繰り返すのです。

「もう○月になりましたね」　相手「はい」

「今日は雨が強く降っていますね」　相手「はい」

「◇◇に会社があるんですね（名刺を見ながら）」　相手「はい」

「今日は30分ほどお時間をいただいていました（すでに合意が取れている）」　相手「はい」

これらは「はい」とか「そうですね」としか答えられない質問です。人は「はい」と答える問いかけをしてくる相手には「いいえ（No）」と答えづらくなってしまう性質があるのです。「はい」と言い続けていると、自分の一貫性を保とうとして、つい肯定してしまうようになります。

最初にいきなり本題に入るよりも、こうした会話をしたあとであれば、お客様ははるかに「イエス」と言いやすい心理状態になっているのです。

また、質問や問いかけをすることで、「この人は自分のことをよくわかってくれている」という感覚、つまり共感してくれていると思ってもらうこともできます。

例えば、「昨日の◎◎の試合はいいゲームでしたね」「今週末は快晴だそうです。お子さんとお出かけしたいですね」など、相手が喜びそうな内容で「そうですね」「はい」と答えてもらえる質問を３～４回繰り返します。信頼関係を構築できた後に本題に入ることで、商談がスムーズに進んでいくようになります。

第2章

ひとり社長ブランディングで最も大事な11のポイント

01 視点を変えて弱みを強みにする

── 視点を変えるとアピールすることが見えてくる

ひとり社長は規模も小さく、扱える商品やサービスのラインナップも多くありません。投資できるお金も限られています。そのため、規模の大きいところと比べると、自分は弱みだらけだと感じる方も多いかもしれません。しかし、ひとり社長ブランディングは弱みを逆手にとることができます。ひとり社長のブランディングは**視点を変えることで、今まで自分では弱みだと思っていたことも、強みになることがある**のです。

老舗遊園地の「西武園ゆうえんち」は老朽化が進んで年々来場者が落ちていました。ディズニーランドやUSJと比べても古臭くて明らかに見劣りする施設で、普通に考えたら弱みです。そこで、西武園ゆうえんちは視点を変えて古臭いことを逆手にとったのです。2021年に大きくリニューアルして「昭和レトロ」を売りにしました。

中高年には懐かしさを感じられ、逆に若い人たちには新鮮さがありました。西武園ゆうえんちはリニューアル以降、ネットや口コミなどで話題になり、多くの人が訪れるようになりました。懐かしさや新鮮さを感じたいというのはニーズです。弱みと思えるところもこうしたニーズに応えるものとしてアピールすることもできるのです。

── まず弱みを書き出してみる

ひとり社長は自分自身が営業マンです。お客様と直接やりとりをして業務を行います。ということは、情報伝達のミスがなく、確実に結果を提供できると考えることができます。

また個人のエステなどでは、規模が小さいことを逆手にとって、１日３名様しか施術しないという希少感を価値としてアピールしているところもあります。もともと３名までしか対応できないところを、視点を変えて強みにしたのです。まずは自分の現状を客観的に分析して弱みを書き出してみて、それを強みに変えられないか、様々な角度から考えてみてください（183ページ〈シート２〉）。

「弱み」は見方によって違うものになる

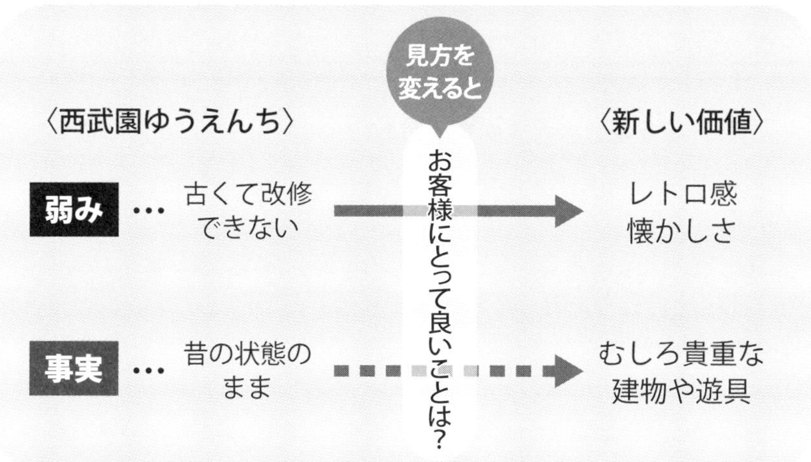

自分の弱みを書き出してみる

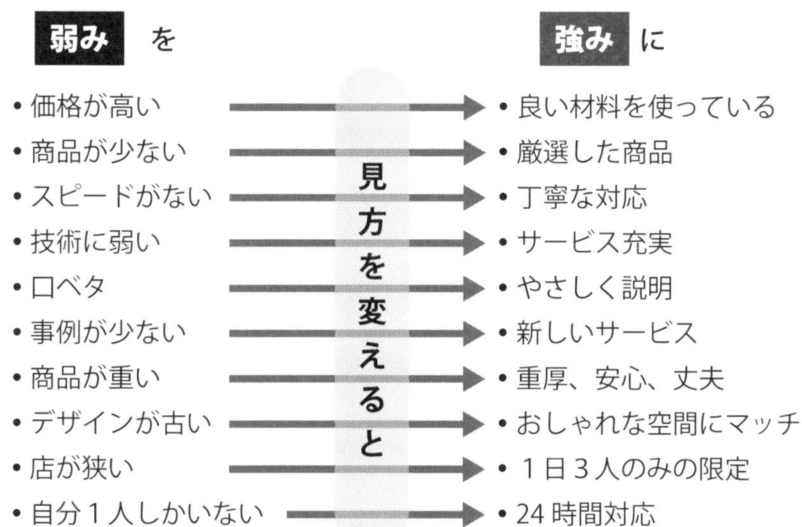

視点の変え方は様々ある

02 小さくても勝てる場所を探す

―― 3C分析で進むべき方向を決める

ブランディングのために、まず自分はどこでビジネスをするのかという方向性を決めます。「3C分析」という3つの視点で考えて、市場機会（自分の強みや長所を発揮できる場所）を発見する手法があります。この市場機会のあるところが、あなたが進む方向となります。

3C分析とは、
「Customer：顧客（市場）」「Competitor：競合」「Company：自社」の3つの視点から市場環境を分析する方法です。

【Customer：顧客（市場）】お客様はどのようなニーズを持っているか。また、あなたの業界への不満や不便、不安などを想定します。

【Competitor：競合】具体的な競合他社の「現状」や「できること」「やっていること」「強み・弱み」などを見ていきます。

【Company：自社】ここでは、自分の「現状」や「できること」「やっていること」「強み・弱み」などを考えます。商品・サービスだけでなく、あなた自身の人柄や経験などもピックアップしてみましょう。

これらの視点で、自分ができることで、顧客の求めること、そして競合のやっていないこと、**自分の独自性を発揮できる市場、つまり進むべき方向性を導き出していきます。**

例えば、経営コンサルタントであれば、お客様（顧客）に「コンサルは難しくてわかりにくい」という不満（ニーズ）があったとします。「競合他社」は、経営の専門用語を使って発信している（現状）のでわかりにくかったのです。それに対して、自分がまったく専門用語を使わずに、わかりやすく翻訳して伝えられるようであれば、お客様に求められていることになります。

そこで、自社はわかりやすさを重視した方向に進んでいくことで競合とは違ったアピールが可能になります。

3C分析で市場を探す

自分が勝てるところを探して、
お客様のマインド・シェアを取る

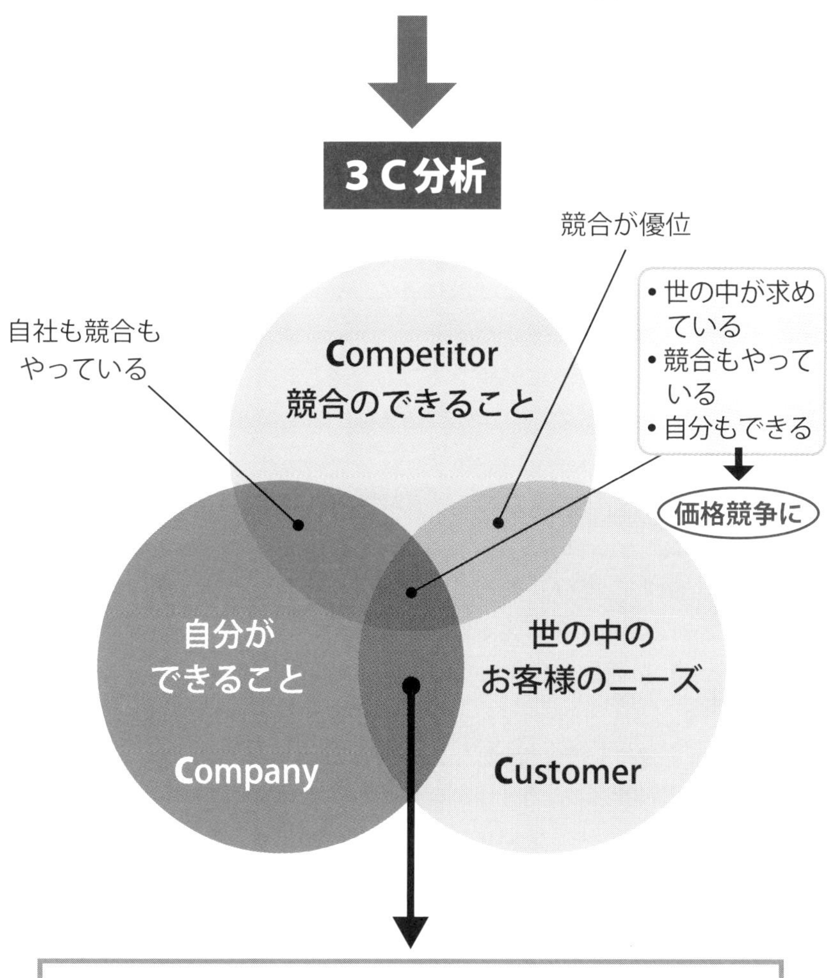

求められていることで競合がやっていない
あなたの勝てる場所

儲けられるビジネスチャンスを見つける

── 世の中の動きに敏感になる

ひとり社長のビジネスは、自分ではどうすることもできない世の中の状況にも左右されます。そのため常に、世相や流行など世の中を広い視点で見ていく必要があります。

世の中を見る際には、「PEST分析」という方法が効果的です。

PEST分析は経営学者のフィリップ・コトラー氏が提唱した分析方法です。以下の４つの視点で自分に影響がありそうなことを見つけ、それがプラスに作用するのか、マイナスに作用するのかを考察することで、将来どうなっていくかをマクロ的に分析するマーケティング手法です。全体を漠然と見るのではなく、客観的に分析することができます。

【**P**olitics】政治的な視点です。税制や法律、公的補助や助成金などで、影響がありそうなものを見ていきます。

【**E**conomy】経済的な視点です。景気や物価、世の中のお金の状況や業界動向などです。

【**S**ociety】社会的な視点です。人口動態、流行や文化、ライフスタイルなどがどうなっているかを考えていきます。

【**T**echnology】技術的な視点となります。新しい技術や素材、システムなどのことです。新しい技術が自分に関係するかなどを検討します。

── 世の中を見ていると新たなニーズがわかる

例えば、経済的な視点で「建設業界での人材不足」という状況がわかったとします。であれば、建設業界の経営コンサルティング、あるいは採用コンサルなどの市場が考えられます。その業界の顧客ニーズを想定したブランディングをしていくことができます。

業種業態によって自分に影響のある要因は異なるので、すべての視点で何かを見つけようとする必要はありません。**小さくても儲けられるビジネスチャンスを見つけるために、この４つの視点で常に世の中を見ておくことが大切**なのです（184ページ〈シート３〉）。

思い込みや感覚ではなく４つの視点で世の中を見る

PEST分析（例：経営コンサルタント）

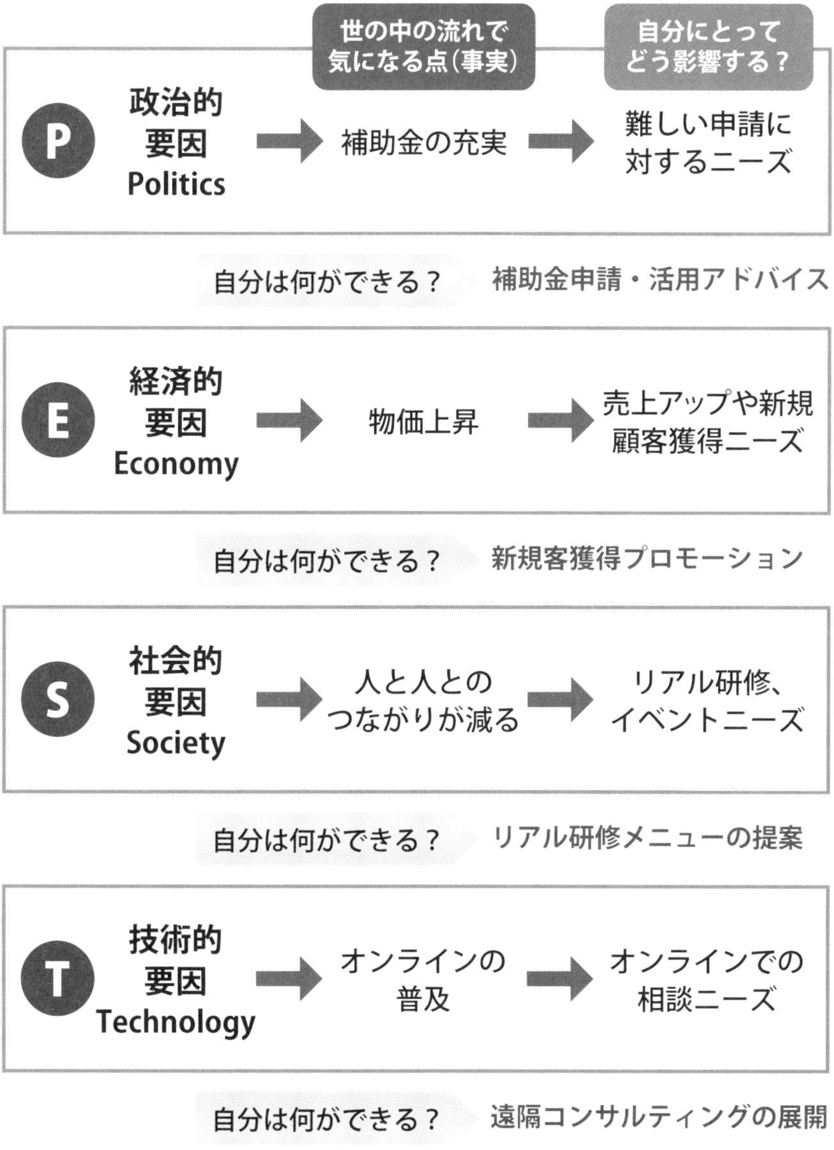

	世の中の流れで気になる点（事実）	自分にとってどう影響する？
P 政治的要因 Politics	補助金の充実	難しい申請に対するニーズ

自分は何ができる？　補助金申請・活用アドバイス

	世の中の流れで気になる点（事実）	自分にとってどう影響する？
E 経済的要因 Economy	物価上昇	売上アップや新規顧客獲得ニーズ

自分は何ができる？　新規客獲得プロモーション

	世の中の流れで気になる点（事実）	自分にとってどう影響する？
S 社会的要因 Society	人と人とのつながりが減る	リアル研修、イベントニーズ

自分は何ができる？　リアル研修メニューの提案

	世の中の流れで気になる点（事実）	自分にとってどう影響する？
T 技術的要因 Technology	オンラインの普及	オンラインでの相談ニーズ

自分は何ができる？　遠隔コンサルティングの展開

同じ結果を提供する「間接競合」も意識する

―― あなたの競合は同業だけではない

お客様の立場になってみると、モノを買うのは自分のニーズを満たすためです。でも考えてみてください。そのとき選択肢が１つしかないということはないはずです。

当然、同業他社の商品・サービスは比較対象になります。でも実は、**お客様が見ているのは、あなたやあなたの同業他社だけではありません**。お客様は自分のニーズが解決できるのであれば、特定の業種業態を選ぶ必要はないのです。ということは、同じような結果を提供できる他業種も見ています。つまり、解決のアプローチが異なる「間接競合」についても考える必要があるのです。

―― 業種ではなくニーズを解決できるかどうかで選ばれる

例えば以前、中高生たちはカラオケを友達とのコミュニケーションに使っていましたが、その手段はスマホに取って代わられました。カラオケの間接競合は、スマホだとも考えられるのです。

経営コンサルタントであれば、直接の競合はもちろん他の経営コンサルタントです。しかし、「企業の業績を向上させる」という結果を提供すると考えたら、税理士や経営者に対するコーチングなども競合として考えられます。

また、エステサロンであれば、やせて美しくなるという結果を提供するパーソナルトレーナーや美容整形なども競合として考えられます。他にダイエット健康器具やサプリメントなども間接競合となりうるのです。

お客様の心の中には、自分のニーズを満たしてくれるいくつかの業種業態が浮かびます。それらの選択肢の中からあなたが選ばれる必要があるのです。

そのために、あなたはどのようなニーズを解決するのか、どのような結果を提供するのかを改めて分析したうえで、直接競合だけでなく間接競合との違いを見つける必要があります。

自分のニーズに合えば業種業態は無関係

ニーズを解決できる選択肢はたくさんある

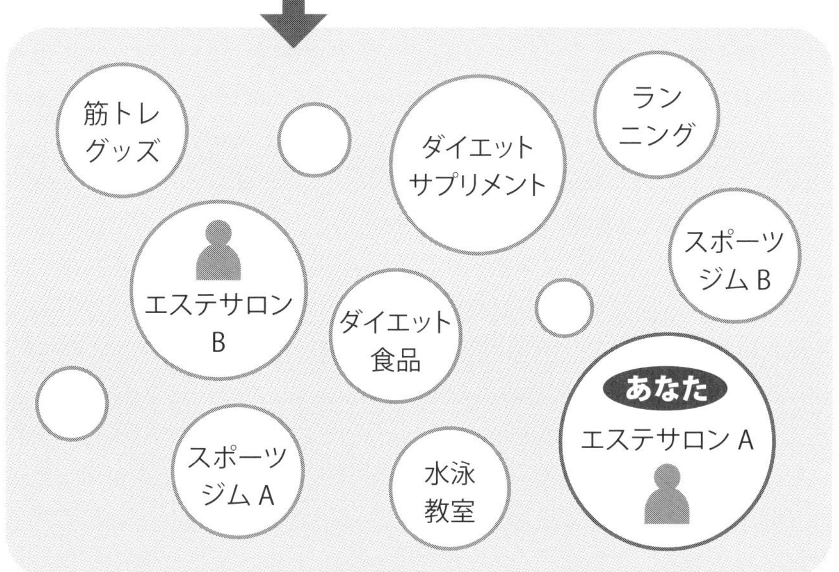

「やせる」という結果だけでなく、
間接競合とは違う別のアピールも用意する

提供方法、立地、特徴、他のメリット、
手軽さ、資格、業界の歴史　など

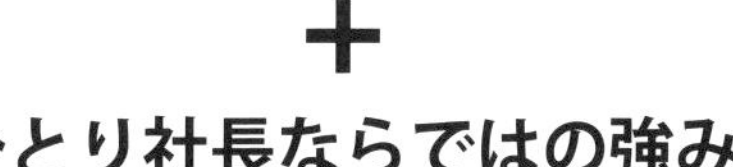

ひとり社長ならではの強み

価値となるコンセプトは「誰に」「何を」「どうやって」

―― コンセプトはあなたのビジネスそのもの

ブランディングでは、お客様に何を伝えるかという軸になるコンセプトが必要です。この**コンセプトが、お客様にとっての価値となり、ひとり社長の商品が価格が高くても選ばれるメッセージとなる**のです。

コンセプトはマーケティング等で使われる言葉ですが、「物事の本質をとらえる際の考え方」といった漠然とした概念を指します。使い方によって商品の本質を伝える言葉だったり、サービスの本質を伝える言葉であったりと、とらえにくいものです。本書では、「誰に」「何を」「どうやって」と、ビジネスの狙いを示す事業コンセプトを指します。

―― コンセプトはお客様の立場から考える

「誰に」は、もちろんお客様です。あなたを最も必要としてくれるニーズを持っている業界や地域、属性などからお客様像を想定します。そして、そのお客様がどのようなことに困っているかというニーズを洗い出します。ブランディングでは、仮のお客様像（ペルソナ、58ページ）を設定するとニーズを想定しやすくなります。

そのニーズを、あなたのどの部分で解決するかを決めていきます。これが「何を」にあたります。この段階ではあなたのすべてをアピールする必要はありません。「このニーズを解決できる」というように専門性を絞っていきます。その専門性がお客様にとっての価値になります。ネットで人気の料理研究家リュウジ氏はターゲットを主に男性に絞り、「料理はめんどくさい」というニーズに対して「手抜きで簡単に至高の料理ができる」という専門性を打ち出して成功しています。

「どうやって」は、ニーズの解決方法です。具体的には、他と違う独自のやり方などになります。商品・サービスそのものはもちろん、提供方法や付加的なことも価値となるのです。

このように「〇〇なニーズに対して〇〇で解決する」というブランディングのコンセプトをつくり上げます。これを軸にアピールしていきます。

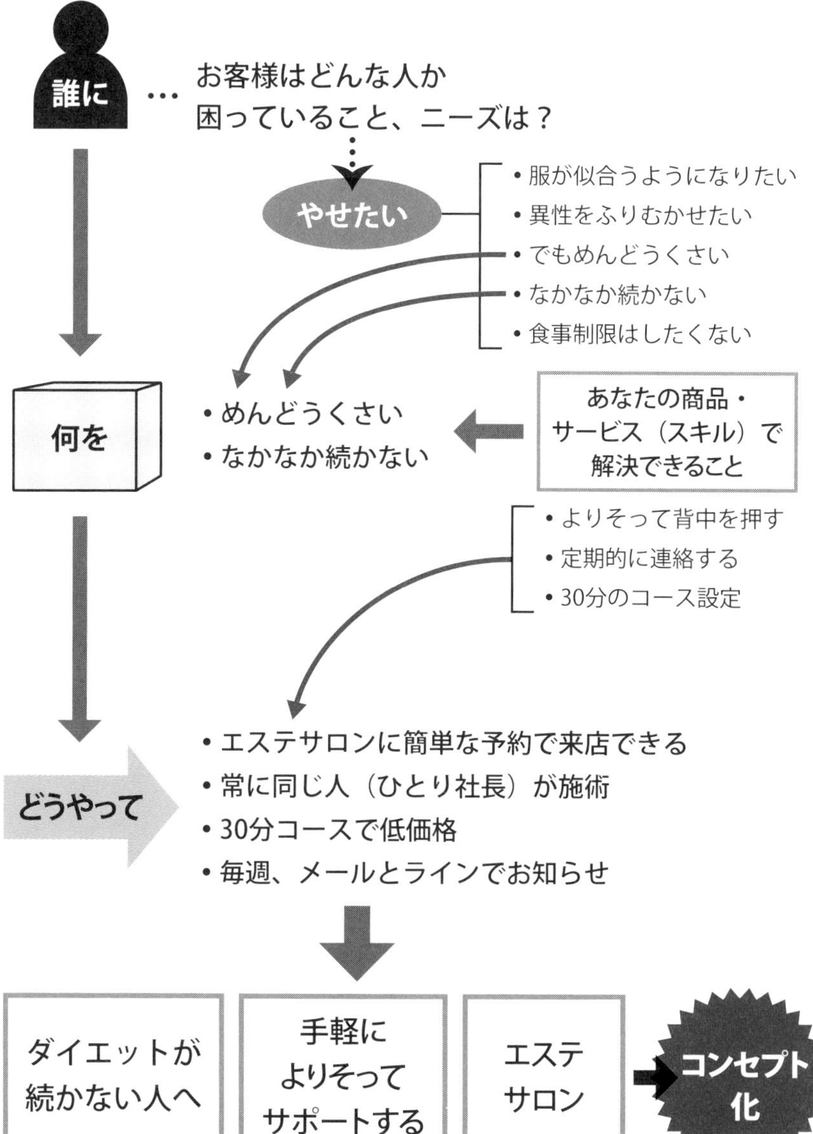
コンセプトの考え方
例：エステサロン
誰に
…お客様はどんな人か
困っていること、ニーズは？
やせたい
・服が似合うようになりたい
・異性をふりむかせたい
・でもめんどうくさい
・なかなか続かない
・食事制限はしたくない
何を
・めんどうくさい
・なかなか続かない
あなたの商品・
サービス（スキル）で
解決できること
・よりそって背中を押す
・定期的に連絡する
・30分のコース設定
どうやって
・エステサロンに簡単な予約で来店できる
・常に同じ人（ひとり社長）が施術
・30分コースで低価格
・毎週、メールとラインでお知らせ
ダイエットが
続かない人へ
手軽に
よりそって
サポートする
エステ
サロン
コンセプト
化
誰に
何を
どうやって

06 まず「誰に」のニーズを探る

── ニーズを探ってお客様を探し出す

前項で述べた、軸になるコンセプトの「誰に」「何を」「どうやって」は、手順を踏みながら構築していく必要があります。

お客様が何かを買ったり選ぶ際は、すべてを論理的に考えて決定するだけでなく、直感や感情で行動することもよくあります。その行動は、すべてニーズからきます。「誰に」は、お客様のニーズを満たすことが価値になるので、どのようなニーズで購買行動が行われているかを想定します。

人間のニーズは大きく分けて３段階あります。

◎**顕在ニーズ**：本人がそれを解決したり、かなえてほしいと認識できているもので、あなたとそのニーズの関連性も理解できている状態です。

例：税理士にお願いしたい、経営のコンサルを頼みたい、エステに行きたい、会社の売上を伸ばしたい、業務を効率化したい…など。

◎**潜在ニーズ**：それを欲していること、解決すべきであることを自分で認識できていない状態ですが、言われればそれに気づけるニーズです。

例：やる気が出ずコーチングが必要なのに気づいていない、売上が減っているのに原因がわからずマーケティングの必要性に気づかない…など。

◎**本質的なニーズ**：ニーズより深い部分で本質的に求めていることです。愛されること、誇りや自尊心、楽をしたい、苦痛から逃れたいなどがそれにあたります。さらに、人間としての根本的なニーズとして、異性からモテたいとか、長く生きたいといったものがあります。

マクドナルドは、健康を求めているというニーズに対して、2006年にサラダマックを販売しましたが、売れませんでした。多くの人がマクドナルドに本質的に求めていたことはジャンクフードの楽しさだったのです。そこで2007年にメガマックを発売して大ヒットになりました。

最もわかりやすいのは本人が自覚できている「顕在ニーズ」ですが、これは競合他社も解決しようとしています。**ブランディングとしては競合の少ない潜在ニーズや本質的なニーズを狙っていくことが大切**です。

お客様のニーズは３つある

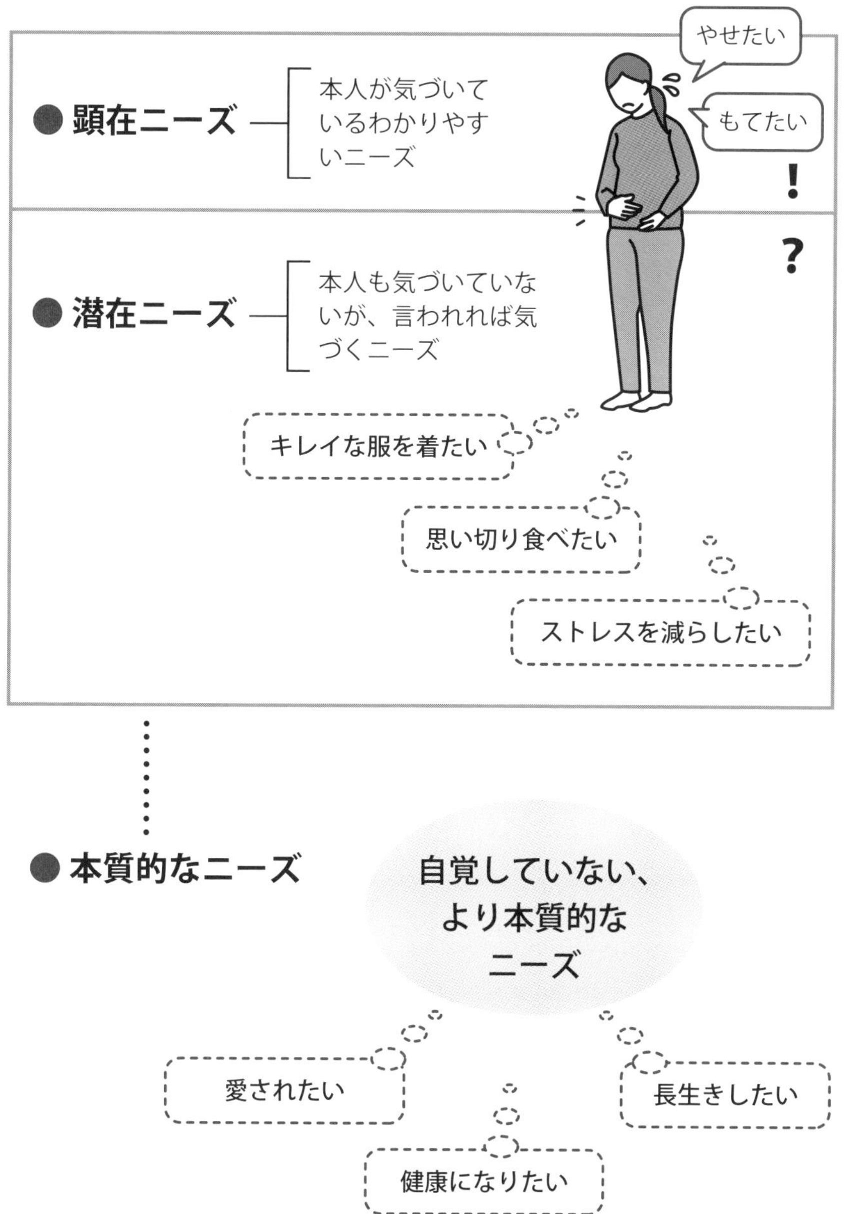

質問で「潜在ニーズ」を探り出す

―― 深いニーズに差別化のヒントがある

ひとり社長が提供する価値は、表面的なニーズではなく、他がやっていないさらに深いところにある不満や不安や不便なことが効果的です。そこに競合との違いを見つけることができます。したがって、お客様自身が気づいていない深いニーズ（潜在ニーズ）を探り出す必要があるのです。

あのiPhoneも表面的なニーズからは生まれませんでした。「電話とメールとインターネットが１つになったものがほしい」とは、人々が気づいていなかったからです。深いニーズでは人とのコミュニケーションや情報を得る手段が手の中にあると便利だと思っていたのに、人々はそのニーズに気づいていなかったのです。

―― 質問で本当のニーズを探る

深いニーズを探る時は、「今、困ってることは？」「今、望んでいることは？」と、とにかく聴くことがおすすめです。既存のお客様でもよいですし、お客様のタイプに近い人でもよいです。

ただし、先ほど述べたようにお客様が自身のニーズに気づいていないこともあり、そこで出てきた答えは表面的なもの（顕在ニーズ）です。そこでさらに、「なぜそうなのですか？」と質問をしていきます。

例えば、「今、困ってることは？」という質問の答えが「売上が伸びない」だったら、「なぜ伸びないのですか」「どうしたら伸びますか」などと、さらに質問をしていくのです。

すると、「衰退業界だから」とか「社員が動いてくれない」「商品開発がうまくいかない」など、答えがさらに深くなっていきます。

表面的には「売上が伸びない」ですが、本当のニーズは深いところにあります。「社員が動いてくれない」と「商品開発がうまくいかない」では、例えばコンサル業であれば提供するサービスの内容が異なります。

こうして**本当に求めていることを絞り込んでアピールしていくことで、ブランディングをすることができる**のです。

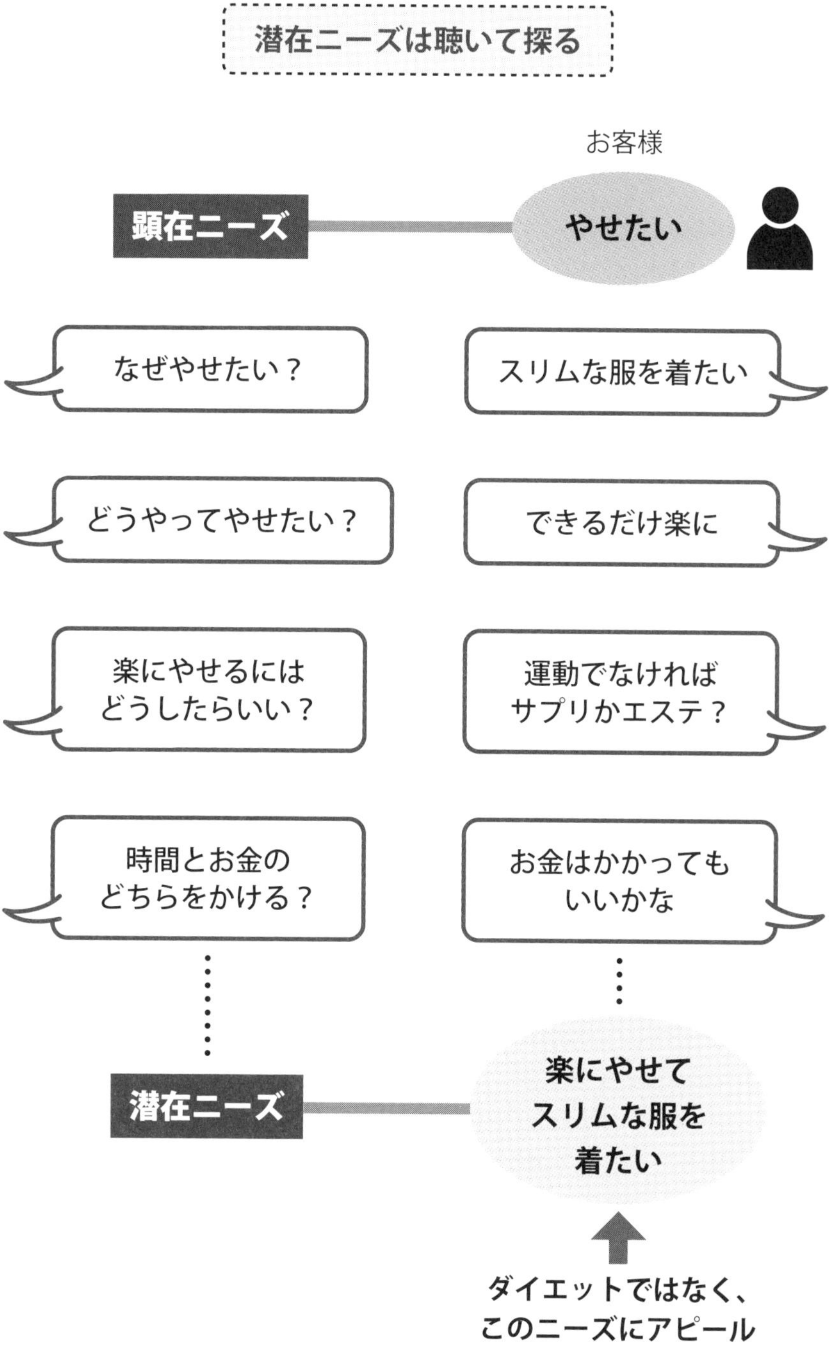

潜在ニーズは聴いて探る

お客様

顕在ニーズ

やせたい

なぜやせたい？

スリムな服を着たい

どうやってやせたい？

できるだけ楽に

楽にやせるには
どうしたらいい？

運動でなければ
サプリかエステ？

時間とお金の
どちらをかける？

お金はかかっても
いいかな

潜在ニーズ

楽にやせて
スリムな服を
着たい

ダイエットではなく、
このニーズにアピール

08 「何を」は絞る。「何でもできます」は選ばれない

── 最初に思い出されるのは「専門店」

お客様へアピールするとなると、ついあれもこれもと言いたくなります。そこで「○○の様々なニーズにお応えします！」というようなコピーをつくりがちです。○○に何かの業種、例えば財務会計、経営、人材、リフォーム、不動産、美容、保険…と入れれば何にでも使えます。

何でもできます＝特徴がない、ということです。

「様々なニーズ」というニーズは存在しません。人は自分の困っていることや望んでいることがあって、それに確実に応えてくれそうな専門家に頼りたいと思うのです。

例えば、あなたがトンカツを食べたいと思った時、どんなお店が頭に浮かんでくるでしょうか？　おそらく、知っているトンカツ屋が浮かんでくるのではないでしょうか。

では、ラーメンが食べたいと思ったら？　お寿司は？　スパゲティは？…それぞれの専門店が頭に浮かんでくるでしょう。それらすべてのメニューを提供しているファミリーレストランを最初に思い浮かべることはないはずです。

── 解決できるニーズを絞る

そこで**ひとり社長としては、解決できるニーズを絞る必要があります。つまり、「何を」提供できるのかを絞り込む**わけです。

税理士であれば「財務会計の様々なニーズ」ではなく、お客様のどのような困りごとを解決できるのかを検討します。

会計の処理に手が回らないのであれば「業務プロセスの効率化」を、資金繰りに困っているのであれば「補助金受給のアドバイス」を、経理社員の人材育成に悩んでいたら「経理部門立ち上げサポート」ができることをアピールします。

お客様のニーズを絞ることによって、それを解決できる人としての価値が高まり、それがブランディングとなっていくのです。

ニーズのあるところに「何を」は絞る

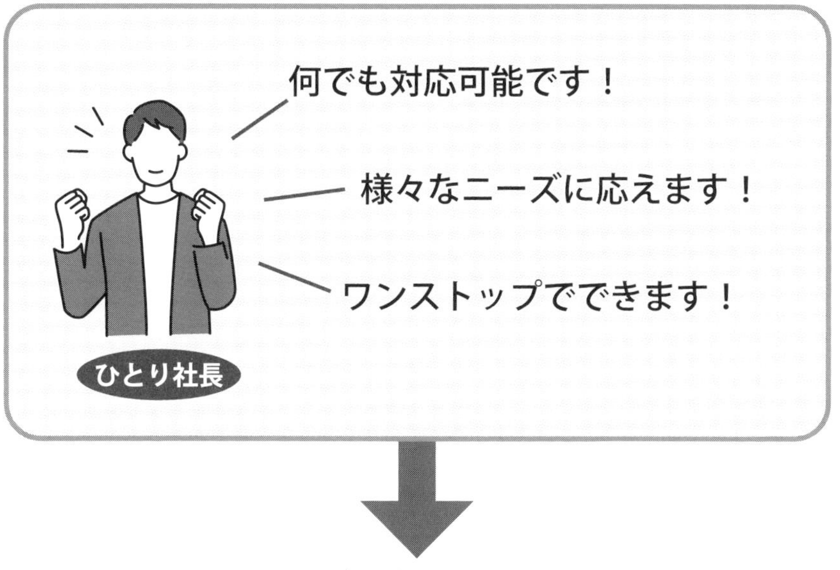

何でも対応可能です！
様々なニーズに応えます！
ワンストップでできます！
ひとり社長

これでは何が得意なのかわからない

「何でもできます！」に対するニーズはない

人は自分の「困ったこと」を確実に解決してくれるところを選ぶ

ニーズを絞ったほうが選ばれる！

09 価値を組み合わせる

── ニーズの組み合わせで価値が大きくなる

ひとり社長のブランディングでは、1つのニーズに対して1つの価値を提供するだけでは十分ではありません。つまり自分の提供する商品・サービスが直接的に解決するニーズ以外にも提供する価値をつくることが必要です。人がモノを選ぶ時は、その商品・サービスが本来解決してくれるニーズだけでなく、時間や場所、心で感じる様々なことが関係してきます。

例えば、マクドナルドに対するニーズは、「お腹が空いた、ハンバーガーが食べたい」といった単純なものだけでありません。

仕事をしている人だったら、お腹が空いたけど、あまり時間がないから素早くすませたい、これから打ち合わせだから服が汚れないほうがいい、給料日前だから安いほうがいいといった、様々なニーズが組み合わさって価値となります。あるいは、たまには健康を気にせずジャンクなものを食べたいなどのニーズもあります。

── 絞りつつも複数の価値を提供する

ひとり社長のブランディングも同じです。例えばデザイナーだとしたら、お客様のニーズは、広告をデザインしてほしい、というだけではありません。自社の印象を良くしたいとか、デザインに理解のあるところをアピールして意識が高い会社だと思われたい、広告をもっと活用したい、というようなニーズまで様々あります。これらの中から、あなたができることを組み合わせて解決してあげることが価値となります。

お客様は、直接的に得られる結果に至るまでにも様々な感情があります。それらも含めて満たしてあげることで、規模が小さくてもひとり社長の大きな価値となるのです。あなたを選んでくれるお客様を1人設定して、ライフスタイルや趣味嗜好などを想定することで、直接的なニーズ以外で求めていることを想定して組み合わせます。

提供する価値の「何を」は絞りますが、これらの**いくつかを組み合わせて1つの大きな価値とすることで、競合に負けない差別化になります。**

組み合わせることで、さらに価値が高まる

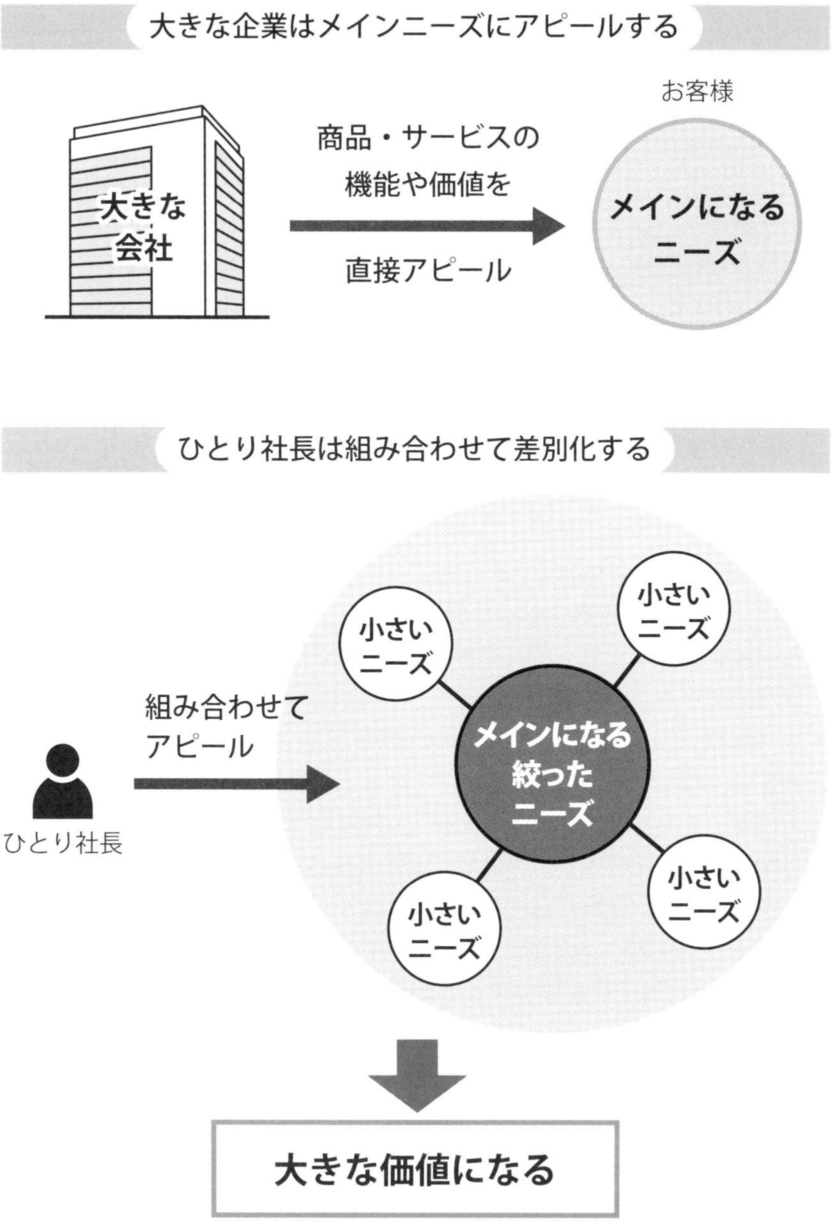

大きな企業はメインニーズにアピールする

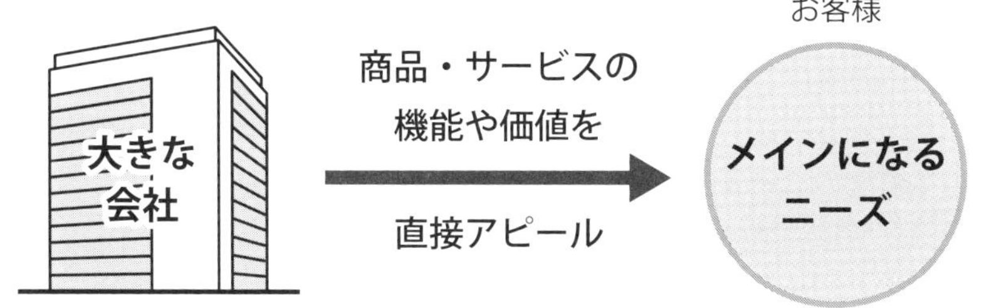

ひとり社長は組み合わせて差別化する

組み合わせて
アピール

ひとり社長

小さい
ニーズ

小さい
ニーズ

メインになる
絞った
ニーズ

小さい
ニーズ

小さい
ニーズ

大きな価値になる

10 小さく尖った専門家になる

―― 尖ったメッセージは価値がわかりやすい

ひとり社長のブランディングは、架空で想定したお客様像（次項参照）から考えられるニーズを解決すること、あるいはいくつかの価値を組み合わせて**特定のニーズを解決できる専門家のような存在になる**ことです。

そのためには前述したように、お客様を絞るのではなく解決するニーズを絞ってアピールすることで、それらのニーズを抱えている人々にとって大きな価値となるようにしたいわけです。

ジョンソン・エンド・ジョンソンに、ジョンソン・ベビーパウダー、ベビーオイルという商品があります。これは明確にターゲットを赤ちゃんに絞り、そのメッセージがそのまま商品名になっています。この商品はもちろん赤ちゃんも使いますが、大人も多く使っています。

それはこの商品が解決できるニーズを明確に絞って尖っているからです。それは、「赤ちゃんの弱い肌に使って安全」という明確なメッセージです。赤ちゃんにとって安全なら、肌が弱い大人が使っても安全に決まっていると受け止められるのです。

―― 専門家として認識されてから広げる

まずは、絞り込んだコンセプトで、あなたがお客様のニーズを解決できる専門家であると認識されることが大切なのです。

当然、絞り込んだこと以外にも、あなたにはお客様のニーズを解決できる力があります。それらは、専門家として打ち出して、お客様に認識されてから提供すればいいのです。

例えば、「経理部門を効率化する税理士」と絞った価値でアピールしていたとしても、実際に提供する業務は、それだけではないでしょう。会社の会計や節税、税務調査の対応、事業計画の立案、さらには経営者の悩み相談なども提供できることがあります。

まずは尖ったメッセージを入口として反応してもらい、そのあとにすべてを提供し、お客様と深い関係を築いていくのです。

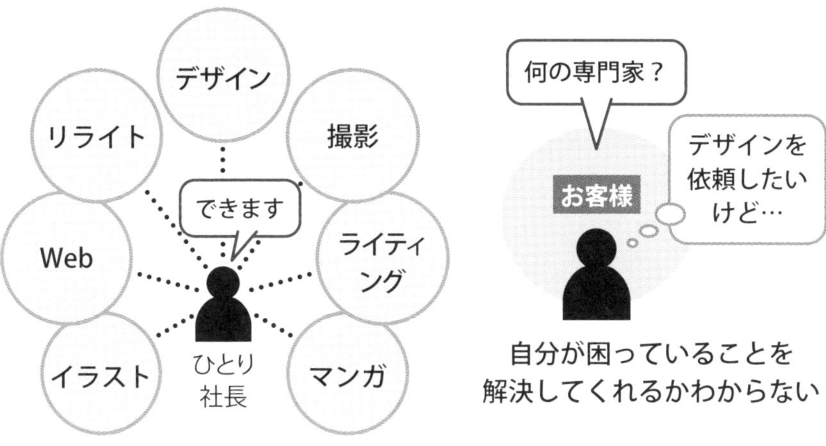

ブランディングによって

できることを尖らせる！

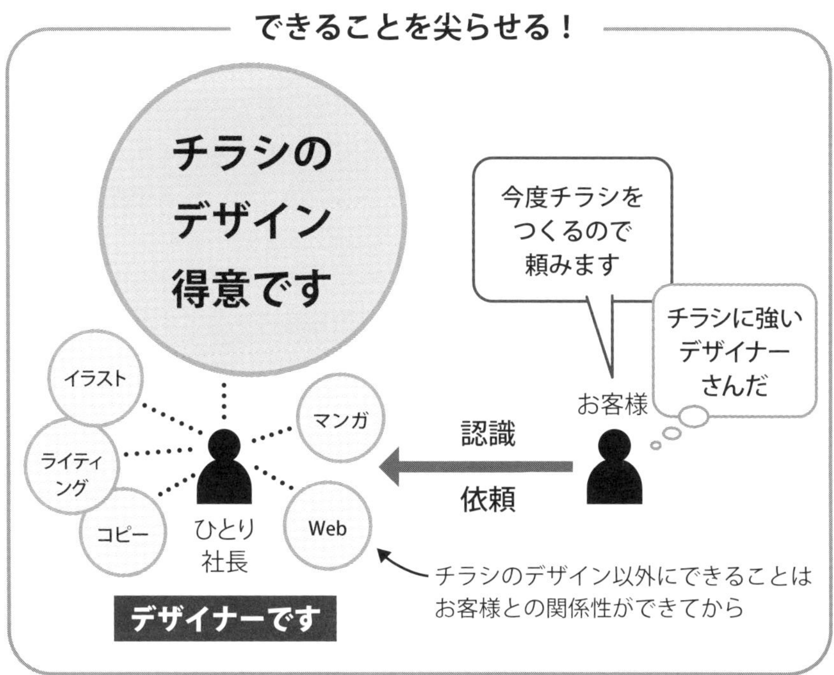

11 あなたのファンをつくる

―― 自分のファンをつくるつもりで

ひとり社長のブランディングの相手は、すべてのお客様ではなく、あなたのことを必要としている人です。その中で、あなたを何度も継続的に利用してくれて、最終的にはファンになってくれる人をつくっていきます。

例えば、新しいセミナーを開催したらすぐに申し込んでくれる人、あなたが困ったと言えば何も言わずに注文してくれる人、自分の知り合いを紹介してくれる人…、このような人がいてくれたらありがたいですよね。

もちろん、いきなりあなたのファンになってくれることはありません。まずは、一度でもお客様になってもらう必要があります。そこからファンへと成長してもらうのです。

―― 架空のお客様を想定する

そこで、あなたのファンになってくれる理想的なお客様を１人想定してみましょう。マーケティングでは「ペルソナ」といわれます。あなたの商品・サービスを利用してくれているユーザーで、実在の人物や会社ではなく、お客様データや仮説を基に架空につくりあげた人間像です。

スープストックトーキョーというスープ専門店では、お店を立ち上げる際に「秋野つゆ」さん（37歳）という架空のお客様を想定して、彼女の趣味嗜好、ニーズから企画を動かしていきました。厳密にはペルソナとはいっていないようですが、ブランディングでお客様を想定するという意味では近いものです。

そのような人に選ばれて、最終的にファンになってもらうようなアプローチを継続して行っていくわけです。

単に年齢や職業、収入などだけでなく、その人の好きなことや嫌なこと、普段どんな生活をしているか、どんな性格なのか、どんな趣味なのか等を想定します。

こうして**お客様を絞っていくことで、その人が最も解決したいニーズを想定することができ、ファン化へとつなげていく**のです。

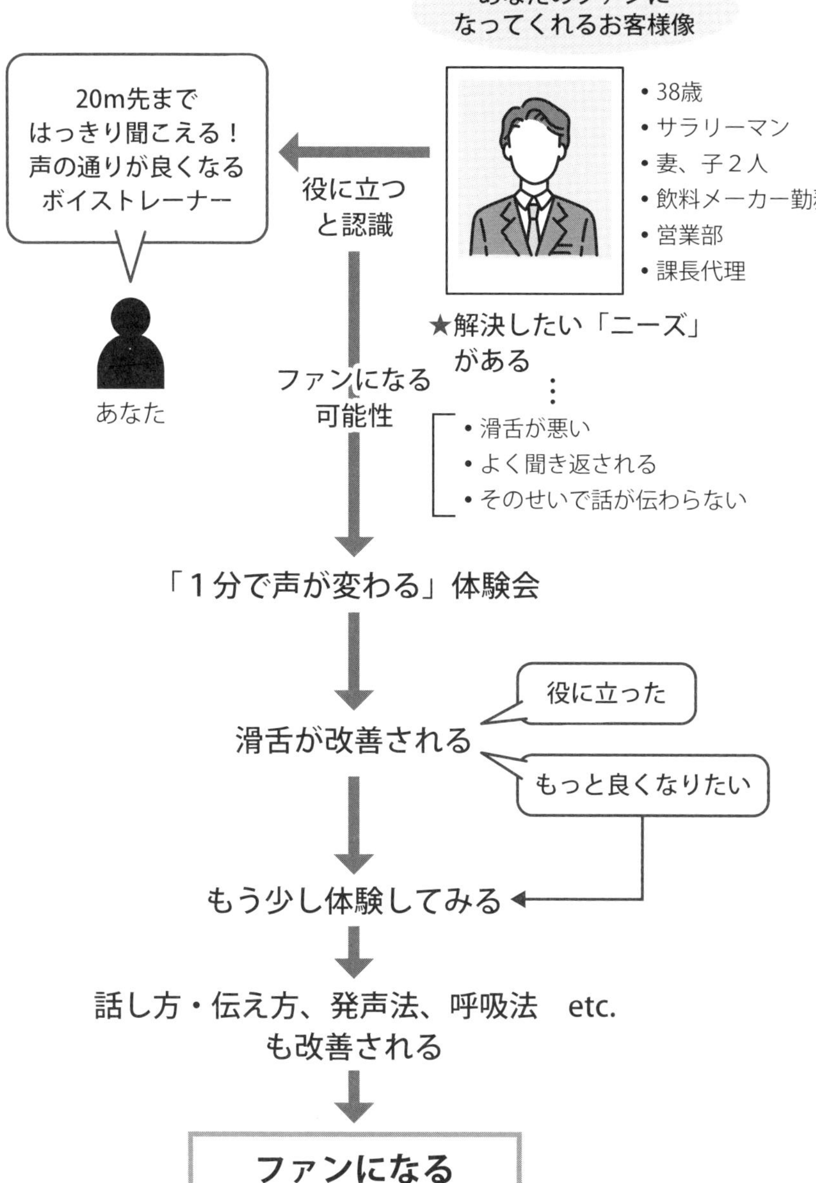

1つのことに特化してファンになってもらう
あなたのファンになってくれるお客様像
20m先まではっきり聞こえる！声の通りが良くなるボイストレーナー
あなた
役に立つと認識
・38歳
・サラリーマン
・妻、子２人
・飲料メーカー勤務
・営業部
・課長代理
★解決したい「ニーズ」がある
・滑舌が悪い
・よく聞き返される
・そのせいで話が伝わらない
ファンになる可能性
「１分で声が変わる」体験会
滑舌が改善される
役に立った
もっと良くなりたい
もう少し体験してみる
話し方・伝え方、発声法、呼吸法　etc.
も改善される
ファンになる

Column

短時間で相手との信頼関係を構築するには

ブランディングに限らずビジネスでは、相手との信頼関係が大切なのはいうまでもありません。通常、信頼関係を構築するには時間がかかりますが、短時間で築ける方法があります。

●相手の動作や表情に合わせる

例えば相手が、背筋をピシッと伸ばして座っていたら、こちらも同じように姿勢を正します。相手が腕を組んだらこちらも腕を組む、相手が笑ったら笑う、目の前のコーヒーを飲んだらこちらも何か飲む、というように相手の鏡になるように動作を合わせます。人は自分と同じような行動に親しみを持つ性質があり、それを利用した「ミラーリング」という方法です。あからさまに真似するのではなく、さりげなく合わせるのがポイントです。

●話し方や呼吸のペースを合わせる

相手が早口で話すのであれば同じく早口で返す、ゆっくりであれば同じようにゆっくりと。声の高さも合わせるようにします。また話している際の呼吸のタイミングもできるだけ合わせます。これは「ペーシング」という手法で、相手が心地よく話せるようになる効果があります。

●相手の言葉を繰り返す

相手が言ったことをそのまま繰り返すと、共感しているように感じてもらえます。例えば「昨日仕事がうまくいったんですよ」と話してくれたら「仕事がうまくいったんですね。よかったですね」と、会話の中で、その人が大切にしているであろう言葉を繰り返します。「バックトラッキング」という手法で、日本ではオウム返しとも言われるものです。

相手の話が長くなってきたら、タイミングをみて、その中の「事実」や「感情」を短く要約して繰り返すことも効果的です。これによって、相手は自分により共感してくれていると感じるのです。

これらは「ラポールテクニック」といって、元々はカウンセリングの手法として使われたものなので、あなたがヒアリングなどで、お客様のニーズを引き出す際の信頼関係構築にも役立ちます。

ブランディングの価値を高める視点の見つけ方・打ち出し方

ブランディングで高めるべき価値は？

――「情緒的な価値」を高める

ブランディングでお客様に提供する価値は、商品・サービスから得られる「機能的価値」と、それ以外の付加的な「情緒的価値」の２種類です。これらの価値を大きくして競合との差別化を目指していきます。

◎**機能的価値**：お客様に提供する商品・サービスそのものの価値です。機能やスペック・仕様、特徴、提供手法、立地といった地理的な要素、規模などです。

◎**情緒的価値**：機能的価値の付加的にあるもので、主にお客様が心や感覚で得るものです。理念やこだわり、デザインや広告・販促の見せ方、歴史などがこれにあたります。人はこれらを「価値」と感じるのです。

機能的価値は他と差別化しにくく、それだけでなくひとり社長の提供する商品・サービスや規模などは大企業と比べて見劣りするかもしれません。もちろんひとり社長でも機能的価値は大きいに越したことはありませんが、大切なのは情緒的価値を大きくすることです。

―― 最大の武器は「ひとり社長」であること

ひとり社長として情緒的価値を高める最大の武器は、人間としての価値を相手に伝えることです。人柄や見た目などの格好、言葉づかいや接客、過去の実績や経歴など仕事への取り組み方も情緒的価値となります。

学生街の定食屋で、近くの学生に大盛りをサービスしているお店があります。お金がない学生を助けてあげたいという人柄や、学生にお腹いっぱい食べてもらいたいという想いが、人々には情緒的価値として感じられます。近くにそういうお店があれば、「他にもお店はあるけど、どうせ行くならそこへ！」という気持ちになるのです。そのようなお店では、古臭い内装もご主人の人柄を感じさせる情緒的価値として、人を惹きつけます。

ひとり社長は、自分自身が商品の１つともいえます。なので情緒的価値になりそうな要素を意図的に発信していく必要があります。発信の方法は第６章で詳しく紹介します。

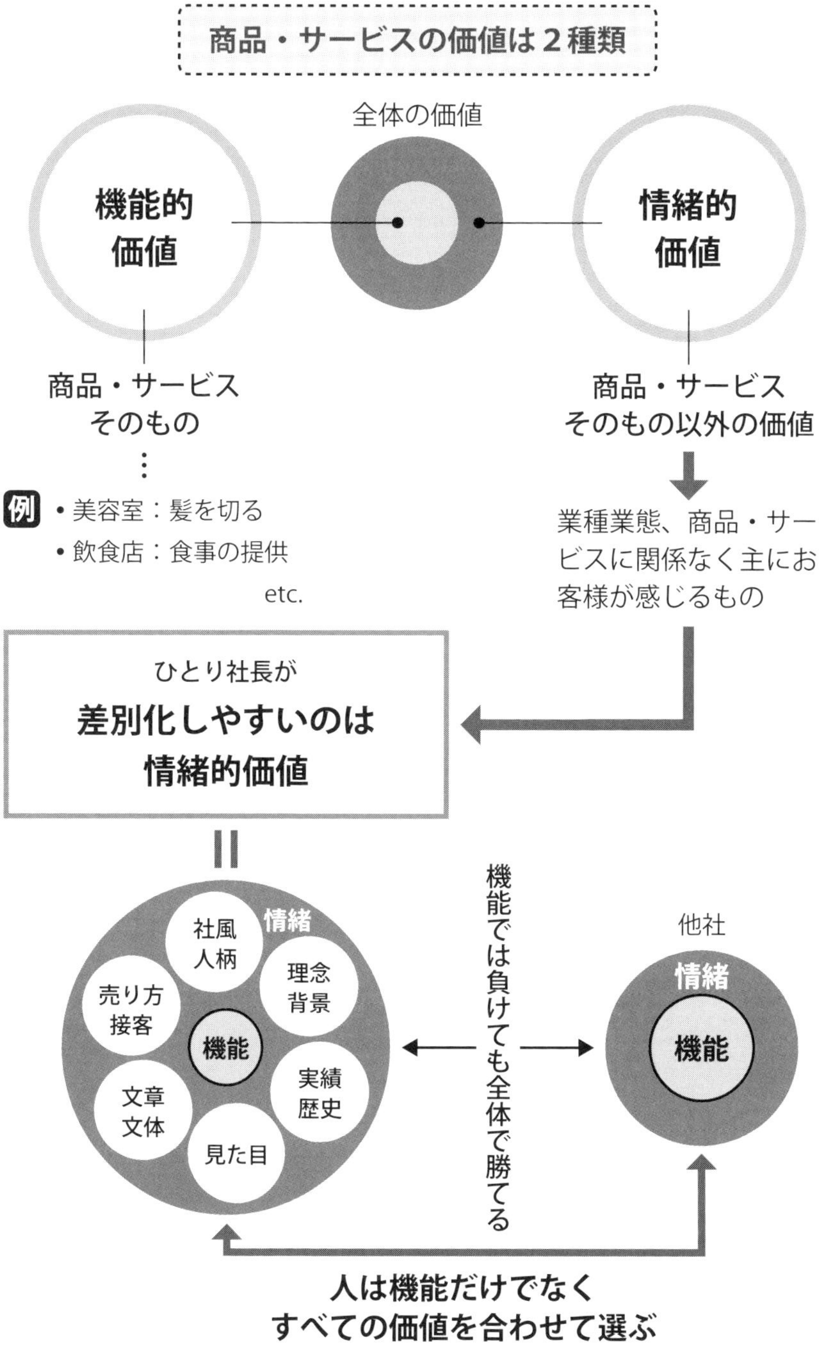

商品・サービスの価値は２種類

全体の価値

機能的価値

情緒的価値

商品・サービス
そのもの
⋮
例
・美容室：髪を切る
・飲食店：食事の提供
etc.

商品・サービス
そのもの以外の価値

業種業態、商品・サービスに関係なく主にお客様が感じるもの

ひとり社長が
差別化しやすいのは
情緒的価値

＝

情緒
社風
人柄
理念
背景
売り方
接客
機能
実績
歴史
文章
文体
見た目

機能では負けても全体で勝てる

他社
情緒
機能

人は機能だけでなく
すべての価値を合わせて選ぶ

商品・サービスとあなたの特徴を分析する

—— **商品と社長（あなた）を分けて客観的に考える**

どのようなブランディングの価値をつくるかについては、あなたの「商品・サービス」と「あなた自身」から強みとなるものを探していきます。ここでは、あなたの扱う商品・サービスと、あなたという人間を分けて考えます。あえて強みや価値のことは考えずに、**「客観的に」情報整理を行うのがポイント**です。

では、経営コンサルタントの仕事を例に考えていきます。

◎提供商品・サービスについて

- 商品・サービス：業種業態、機能、品質、資格・スキル、技術力
  →経営コンサルタント　顧問　スポット　○○資格
- 価格：価格、支払方法
  →月額○○円　単発○○円　前月分を入金または一括
- 立地、行動範囲・商圏、店舗、提供・営業方法
  →セッション形式　全国対応やオンライン
- 付随するもの：理念、こだわり
  →書類を提出するだけでなく社員と一緒に戦略をつくる

◎自分自身について

- 人間性：人柄、性格、価値観、人としてのこだわり
  →話好き、弱い立場を応援
- 人としてのスキル：仕事のやり方、話し方、リソース、経験・経歴
  →対話を大切にする、過去に営業職の経験

できるだけ客観視できるように、他人に自分の商品・サービスや自分自身のことを聴いてみるのもよいやり方です。また文章ではなくキーワードなどで出すと、比較検討がやりやすくなります。

これらの情報をできるだけ多く出し、お客様のニーズと照らし合わせて、機能と情緒の価値になりそうなことをピックアップします。そのうえで、あなたの強みとなる大きな価値を見つけ出していきます。

自分自身を見直すことで価値が見つかる

商品・サービスの分析

- **商品・サービス：業種業態、機能、品質、資格・スキル、技術力**
  →経営コンサルティング　マーケティングに強い　顧問　スポット　○○資格
- **価格：価格、支払方法**
  →月額○○　単発○○　前月分を入金または一括
- **立地、行動範囲・商圏、店舗、提供・営業方法**
  →セッション形式　全国対応やオンライン　夜や土日も対応
- **付随するもの：理念、こだわり**
  →書類を提出するだけでなく社員と一緒に戦略をつくる

ひとり社長自身の分析

- **人間性：人柄、性格、価値観、人としてのこだわり**
  →話好き、弱い立場を応援
- **見た目**
  →コンサバティブなファッション、短めの髪
- **人としてのスキル：仕事のやり方、話し方、リソース、経験・経歴**
  →伴走型　営業経験　わかりやすい解説

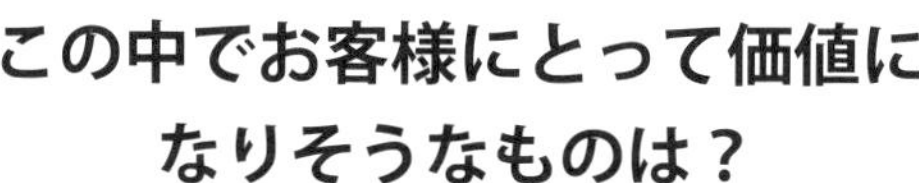
この中でお客様にとって価値になりそうなものは？

機能と情緒で考える

03 提供できる価値の組み合わせ方

―― 提供できる価値を確認しながらコンセプトをまとめる

46ページで述べた、「誰に」「何を」「どうやって」のプロセスを１つの文章にすることで、ブランディングのコンセプトをまとめていきます。自分がどこの場所でどのような価値を提供できるかを確認することで、ブランディングのブレをなくし、効率よく成果を出せるようになります。

◎あなたの勝てる場所は？

自社（あなた）、顧客、競合を分析して見つけた、あなたの独自性を発揮できる方向性や市場はどこかを再確認してください。

例：飲食店で、お客様としてカップルを狙う

◎お客様はどのような人か？　また求めていることは？

あなたを必要としてくれて、最終的にファンになってくれるのはどのような人（会社）で、何を求めているのかを検討します。カップルでもどのようなターゲットで、どのようなニーズを持っているかを検討します。

例：話し下手の男性を想定。無言の時間があるのは嫌だけど邪魔されたくない、というようなニーズ

◎それをあなたの立ち位置でどのように解決するか？

お客様のどのようなニーズを、あなたはどのように解決するか？　いくつか出した解決案を組み合わせて一言で表してみます。

例：洋楽をBGMにして、こちらから声がけはしない。料理は一見何かわからないような名前や盛り付けにして、話題にできるようにする

◎お客様の求めていることを解決できたらどのような良い結果や未来が待っているか？

例：２人の会話が盛り上がり、より仲が深くなる

↓

それを一言で表してみると、「誰にも邪魔されずに会話を盛り上げ、仲を深めるレストラン」というようなコンセプトができあがり、提供価値となるのです。

価値の組み合わせプロセス

例 税理士

すべての市場

❶ あなたの勝てる場所は …… 衰退業界で価格競争に悩む中小企業

❷ お客様はどのような人か

❸ 自分の立ち位置でどのように解決するか

〈お客様のニーズ〉		〈自分のできることでニーズに応えられること〉
• 二代目社長	←	• 経営の方向性を提示
• 40代	←	• 同年代
• 相談相手がいない	←	• 何でも相談できる
• 社員はPCに弱い	←	• 会計ソフトの使い方をサポート
• 社員にバカにされている	←	• 社長の想いを広める

❹ どのような良い結果が待っているか？

効率よく思い切った経営ができる

「社長のグチを聴いてあげて社内を明るくする税理士」

コンセプトを軸に活動と表現法を計画する

—— すべての活動にブランディング・コンセプトを表現する

ブランディングのコンセプトを軸として、販促や営業活動を通じてあなたの価値を広くお客様に伝えていきます。また、販促や営業にとどまらず、あなたの行うビジネス活動のすべてにブランディング・コンセプトを表現します。

まず、ブランディングのコンセプトをお客様が見てわかるようにします。

商品・サービスそのものについてはもちろん、ホームページ、パンフレット、チラシなどの販促物や名刺、それに付随する文章やコピーなど、さらに営業スタイルや話し方、服や髪型などの見た目についても、ブランディング・コンセプトを基に表現していきます。

例えば、ファイナンシャルプランナーのような信頼感が大切な業種であれば、青系の色彩や太いフォント（文字書体）を使うなど、安心感を与える色使いやデザインが考えられます。また服装や髪型も清潔感や信頼感を感じられるスタイルにするなどします。

—— すべてのお客様との接点でコンセプトを表現する

こうしたコンセプトを表現するさいには、お客様とのすべての接点で考えます。自分とお客様が接触するシーンをすべてリストアップしましょう。ホームページやパンフレット、訪問時のヒアリングなど、**それぞれを単独で考えずに、すべての接点を連動させるようにします**。連動させたコンセプトに従ってお客様に行動してもらえるように計画するのです。

ブランディング・コンセプトから価値をいきなり認識してもらうことは難しいので、まず最初の接点をつくり、あなたという存在を知ってもらうことが第一です。そして次の接点で、あなたの提供価値や提供対象者を認識してもらいます。さらに、おためし商品を利用してもらい、提供方法などの具体的なやり方を理解してもらって、お申し込みやクロージングへと導きます。

最後に、リピート施策を検討して、一連の連動したシナリオにします。

ブランディング・コンセプトを連動させる

ブランディング・コンセプト

商品・サービスに

商品・サービスの再構築、
パッケージ化や価格設定

表現
見た目やデザインに

ホームページやパンフレット、
チラシなどの販促物、名刺など

営業・販促の
仕組み化

未認知からリピート
↓
ファンになってもらうための計画

実 行

SNS、ホームページ等

05 ブレた時のために軸がある

―― 方針がブレるのはよくあること

ブランディングのコンセプトはビジネス活動の「軸」であり「指針」になります。しかしビジネスは世の中の状況で大きく変化します。そのため思わぬ状況で迷うことがあったり、軸から外れてしまうことがあります。人間はブレてしまう生き物なのです。

そうした時に、もとの方向に戻してくれるのがコンセプトです。

例えば、コンサルタントが突然無料セミナーを乱発してしまうことがあります。するとお客様は違和感を感じて受講を敬遠してしまいます。儲かってないのかな？　とか、何かを売りつけられるのでは？　という印象を持たれることもあります。

あるいは、「カップルのための飲食店」というコンセプトのお店なのに、ファミリー向けのメニューを加えたり、忘年会向けに飲み放題を急に始めたり。ブライダルのエステなのに、突然男性も受け入れてしまったり…などを行ってしまうと既存のお客様は違和感や嫌悪感を持ったりして、良い印象になりません。

自分のビジネスの見せ方でも同じです。「癒し」がメインコンセプトなのに、インパクトのあるデザインや原色を使ったパンフレットを制作してしまうなど、らしくないことをやってしまうことがあるのです。

―― ブレた時にはもとに戻せばいい

よく、「ブレない軸をつくることが大切」と言われます。

しかし、どうしてもブレてしまうのが人間です。そこで、何か思わぬ事態になった時や迷いが生じた時に、改めて**コンセプトを軸とすることで、ブレることがあっても戻ることができる**のです。

さらに言えば、１人でビジネスをしていると、新しいことや変わったことをやりたくなるものです。そこに「軸」があれば、安心して新しい様々な活動を進めることができます。もし、ブレそうになったら軸に戻ればよいのです。

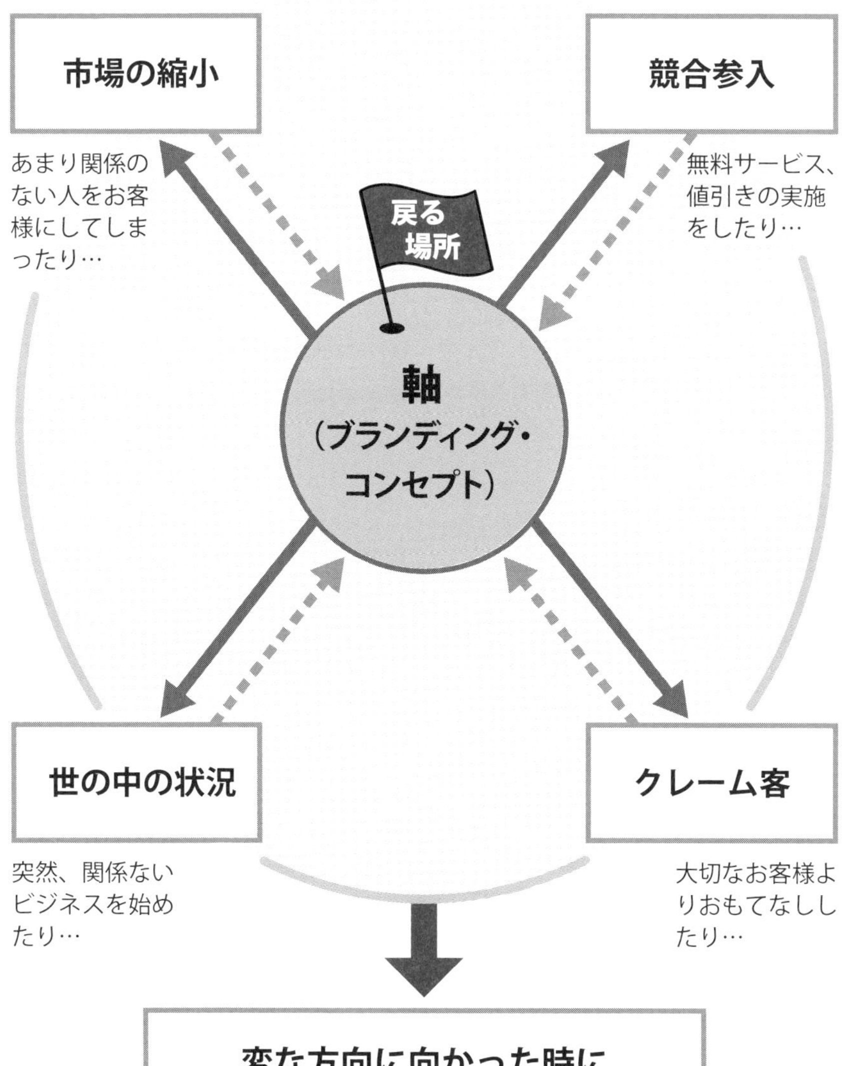
「軸」は思わぬことが起きた時に戻れる場所
ブレやすいところ
市場の縮小
あまり関係のない人をお客様にしてしまったり…
競合参入
無料サービス、値引きの実施をしたり…
戻る場所
軸（ブランディング・コンセプト）
世の中の状況
突然、関係ないビジネスを始めたり…
クレーム客
大切なお客様よりおもてなししたり…
変な方向に向かった時に戻る場所として「軸」がある

06 自分を一言で表す肩書きをつくる

―― 肩書も「誰に」「何を」「どうやって」から

ひとり社長はあなた自身がサービスであるともいえるので、あなたに独自の「肩書」をつけることもブランディングの一環です。単に代表取締役などと役職名を記載するだけでは不十分です。税理士、社会保険労務士、中小企業診断士などの士業の資格名を書くだけでもいけません。コンサルタントやファイナンシャルプランナーでは、そのカテゴリーの何の専門家かわかりません。

何か**あなたの提供価値や専門性を一言で表す肩書を考えましょう**。これも「誰に」「何を」「どうやって」から考えるとつくりやすくなります。

◎誰に

対象のお客様やそのニーズ、業界などから「どのような人（会社）」が利用すればよいのかがすぐわかるようにします。

例：経理社員を育成する税理士、建設業専門の行政書士

◎何を

自分の提供できる結果と商品・サービスや資格を組み合わせます。相手がどんな状況になるかが明確になります。

例：経営者の背中を押すコーチ、モテる体型をつくるパーソナルトレーナー、２人の素敵な時間をつくるレストラン

◎どうやって

商品・サービス、同業他社とは違うやり方や独自性を肩書きにします。競合が多い業種では他との違いをわかってもらえます。

例：人材育成と売上アップを同時に行うコンサルタント

また、あなたの価値を象徴するような別の職業を肩書きに使う方法もあります。経営コンサルタントであれば、「会社の悪いところを治す」と考え、医者にたとえて「中小企業の経営ドクター」と名乗ったり、カラーコーディネーターであれば「あなたを輝かせる色のソムリエ」といった肩書きも考えられるでしょう（185ページ〈シート４〉）。

よくある肩書ではもったいない

コンサルタント、税理士、弁護士、司法書士、ファイナンシャルプランナー、デザイナー、コーチ、カウンセラー、エステティシャン…

どんな価値を提供してくれるかわからない、他との違いもわからない

誰に 対象のお客様やそのニーズ、業界など

- 売上減に困っている
- 社員が思い通りに動かない
- 老後の生活が心配
- ダイエットが続かない
- 経営の相談相手がほしい
- 業界の衰退に悩んでいる

何を 自分の提供できる商品・サービスや資格

- 売上アップの効率化
- 指示なしで動く社員教育
- 悠々自適な将来
- ダイエットでモテる身体に
- 決断と背中を押す
- 一歩抜け出す戦略

どうやって 他とは違うやり方、独自性

- 売れる仕組みをつくる
- 戦略づくりを全社で行う
- 少ない資産を有効に活用
- オンラインでもアドバイス
- いつでもお悩みを聴く
- 独自のヒアリング

この中の１つ、または組み合わせ

自分のそもそもの仕事

＝

あなたが何者か一言でわかる肩書

売上アップの相談相手として伴走するコンサルタント

07 プロフィールは あなたの信頼をつくる

―― 信頼感を得るため過去から記載する

「プロフィール」は、あなたがどのような人間かを表すものです。ホームページやパンフレットだけでなく、SNSや名刺などにも入れることができます。あなたが何者で、どのような良い結果を提供できるバックグラウンドがあるかを表すものとしてプロフィールは必ず作成します。ただし、普通に書いたのではブランディングにはなりません。

プロフィールは、過去から現在、未来への時系列で記していきます。

「過去」というのは、現在の仕事を始める前のことを書きます。この仕事を始めるきっかけや理由などです。

子供や学生の頃、社会人の頃などの経験で良かったことや辛かったことを挙げていきます。それらが自分の今の仕事に関連するように記述するのです。経営コンサルタントであれば不況で会社が倒産した、デザイナーであれば小さい頃から絵が好きでその絵で祖父母が喜んでくれた、ダイエット関連であれば小さい頃に体型で悩んでいた、コーチであれば子供の頃に引っ込み思案で人と話せなかった、などのエピソードです。

「現在」は、上記の過去を経て、今どのような仕事をしているかを記していきます。また、どのようなやり方をしているかもお客様となるターゲットに合わせて載せるようにします。もちろん、肩書きや保有資格、仕事の実績などもプロフィールに載せます。実績は、クライアントの売上を○倍に上げたなどの結果を載せます。また受賞歴やマスコミでの紹介など、第三者の評価も効果的です。

「未来」のことは、今の仕事を通じて将来どんなことを達成したいかと、想いを明確にします。社会貢献をしたいとか、業界を変えていきたいとか、企業でいう理念やミッションになります。この想いは、相手からの大きな共感や信頼を得ることができるところです。

最後に、ひとり社長はあなた自身が売りものですから、人として親しみを持たれる趣味や好きなことを載せるのも重要です（186ページ〈シート５〉）。

普通のプロフィールから共感されるプロフィールへ

プロフィールの目的

- 自分がどんな人間で、どんな経歴か（自己紹介）
- 自分が今の仕事をやっている理由
- 相手に提供できることの根拠
- 信頼・興味・親しみを持たれる

- **過去**：現在の状況や将来の展望をつくっている理由
- **現在**：今、取り組んでいること
- **未来**：どういう貢献をしたいか

これらをつなげてストーリー化

- 「過去」にした失敗や挫折、別れといったマイナスは、プロフィールではプラスに働く
- 「現在」は取り組んでいることをわかりやすく、どんな結果を出したか
- 「未来」は周囲の人が自分を応援してくれる理由になる

プロフィールに

ポイント

- 実績はできるだけ数字や事実、実名で
- 自分の趣味嗜好や人間性がわかることも入れておく
- 掲載メディア、相手によってプロフィールを変更
- 肩書、資格は入れすぎない（見る人の興味・信頼につながるものを入れる）
- 一文が長すぎないように

08 資格は“価値を提供できる根拠”程度に

―― 資格のみのアピールは意味がない

何らかの資格を持っている方は、アピールポイントとしてプロフィール等に載せることが多いでしょう。税理士や弁護士、中小企業診断士やファイナンシャルプランナー、整体師、コーチ、心理カウンセラーなどの資格を基に起業していることも多いので大切です。しかし、同じ資格を持つ人はたくさんいます。資格だけでは違いがわかりません。

ブランディングでは、**「資格」はあなたがお客様に価値を提供できる根拠の１つ、ぐらいに考えてください。**

たしかに資格は専門家である証ではあるのですが、それだけでは一般の人にはわかりにくい面もあります。

例えば、普通の人は税理士と公認会計士の違いはわかりません。また、給与計算も社会保険労務士ではなく、税理士がやってくれると認識している人もいます。司法書士と行政書士の違いもわかりにくいですし、弁護士やファイナンシャルプランナーには何を頼んでいいかわかりません。経営コンサルタントやコーチ、カウンセラーなど国家資格でないものは、そもそも何をしてくれるのかわかりません。

―― 資格は提供できる結果の根拠となる

そこでブランディングでは、どのような人に何を提供できるかを伝える必要があります。これも「誰に」「何を」「どのように」です。

先に具体的な内容をアピールすることで、お客様はあなたが自分のどのようなニーズを解決してくれるかを認識してくれます。税理士であれば「会社の新たなお金を生み出す」、行政書士であれば「○○の業務を効率化する」、コンサルタントであれば「楽にお客様を集めることができる」、コーチであれば「指示しなくても社員が動いてくれる」などの具体的な結果を先に伝えるようにします。

プロフィールや肩書きに資格を記載しておくと、こうした結果を提供できることの根拠となるのです。

資格からは何が提供できるかわかりにくい

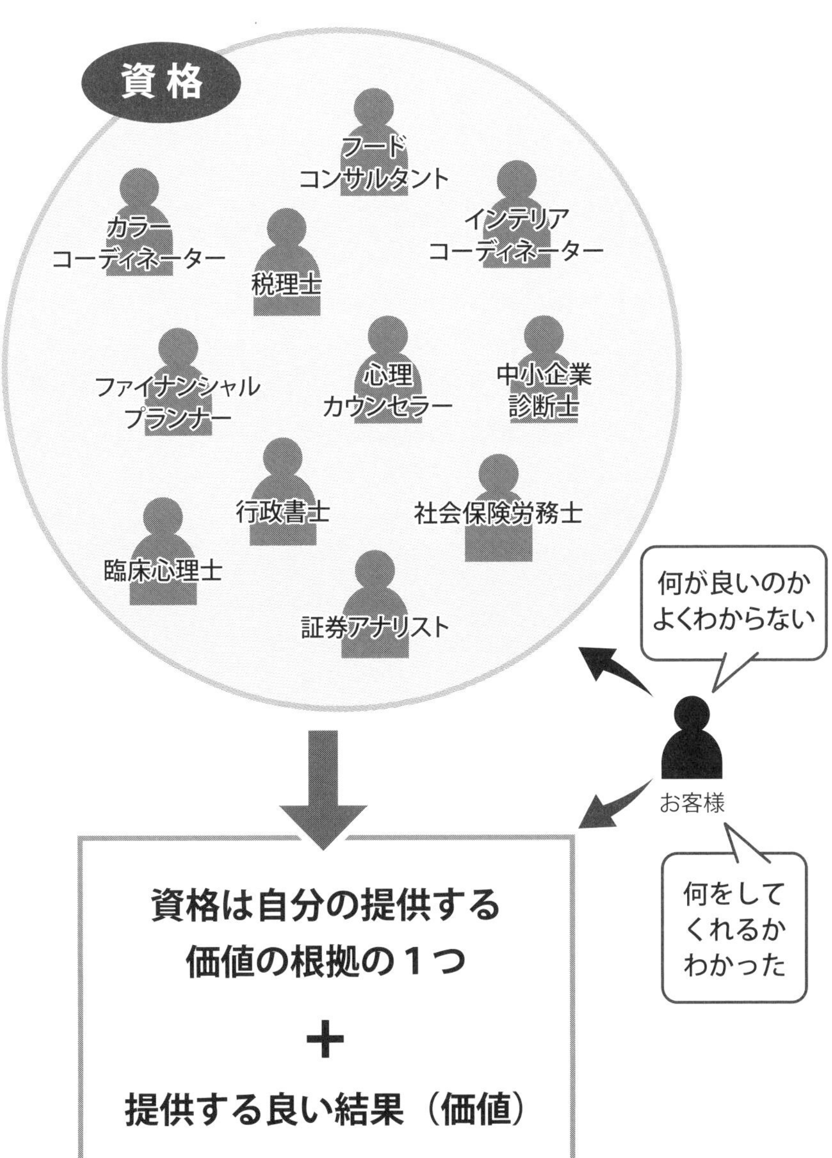

09 あなた「らしさ」を全体で表現する

―― 統一した世界観をつくり出す

ブランディングはあなたの提供する価値を、お客様と触れ合うすべての機会で表現して伝えていくものです。そこで大切なのが、統一した世界観をつくることです。

ホームページやパンフレット、SNSなどに入れる文章はもちろんですが、ホームページなどのデザイン、つまり見た目もあなたを表す大切な要素です。そこで、あなたを表すデザイン的な表現や服装などの見た目、話し方や文章などのすべてをブランディング・コンセプトを基に統一します。

それがあなたというブランドの世界観になり、**あなたが“お客様に持ってもらいたい”イメージを伝え、強い印象を持ってもらうことができる**のです。

―― あなたらしさは提供する価値から

企業でもブランディングに成功しているところは世界観を大切にしています。テレビのCMなどで「初めて見るけど何かどこかで見たような気がする」と感じていたら、最後にアップルの林檎のロゴマークが映されたというようなことはありませんか？

アップルは製品だけでなく、パッケージや広告、店舗での接客や顧客に対する対応など統一された世界観をつくっています。それによってアップルの革新的だったり、シンプルで洗練されているというブランド・イメージが強く印象づけられるようになっているのです。

車ではメルセデスやBMWなどフロントの印象を統一させて独自の世界観をつくり出しているところが多く、最近では日本でもマツダなどが同じような印象を持たれています。その企業のどこをとっても同じ印象を受けるというのが、世界観としてその企業「らしさ」をつくっているのです。

ひとり社長も同様に、あなた「らしさ」をつくることで、提供する価値を認識してもらいやすくなります。

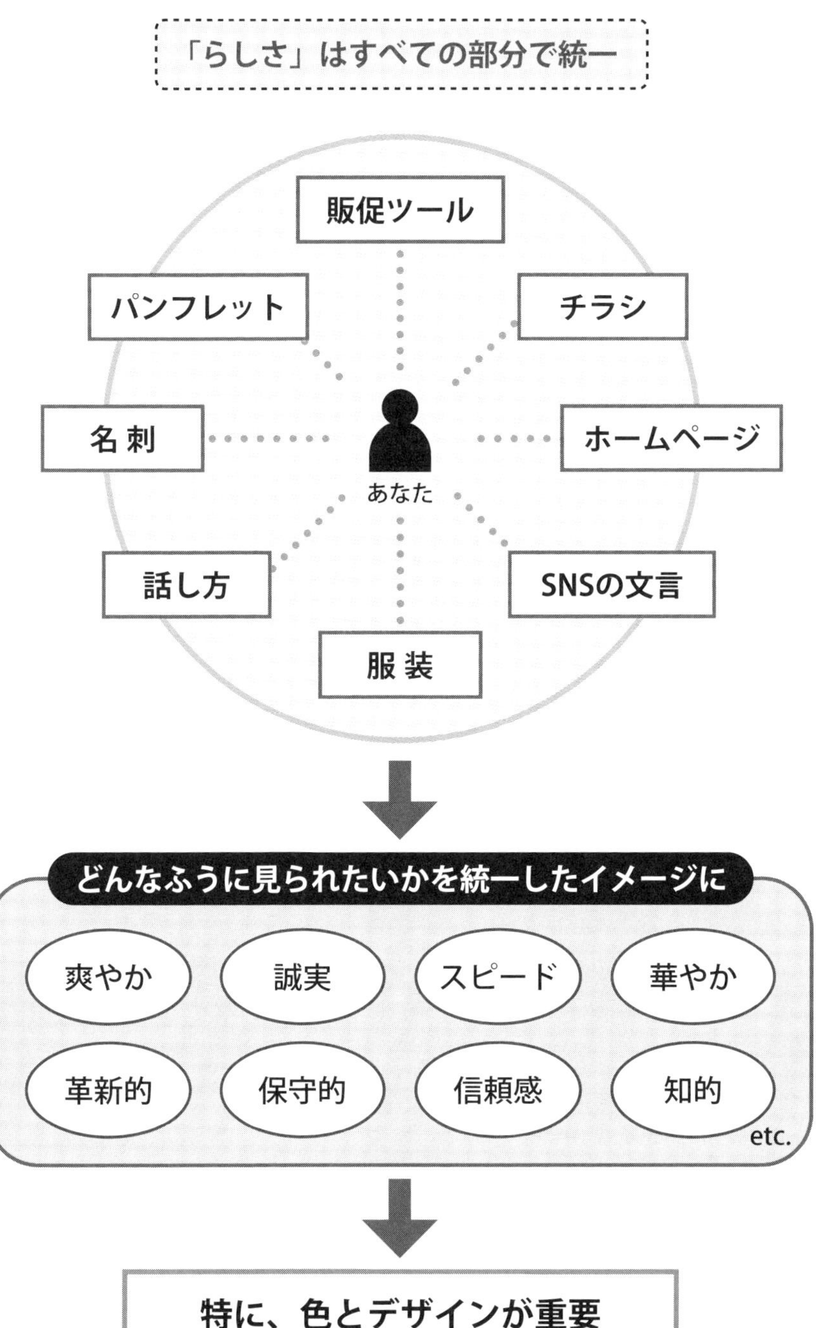
「らしさ」はすべての部分で統一
販促ツール
パンフレット
チラシ
名刺
ホームページ
あなた
話し方
SNSの文言
服装
どんなふうに見られたいかを統一したイメージに
爽やか
誠実
スピード
華やか
革新的
保守的
信頼感
知的
etc.
特に、色とデザインが重要

あなたのテーマカラーで世界観をつくる

―― キーワードから世界観を構築する

世界観をつくるためにはあなたのブランディング・コンセプトやそのプロセスからいくつかキーワードを出してみます。

例えば、誠実、情熱、信頼、癒やし、穏やか、行動力…などです。

これがあなたの持たれたい印象となります。そこから色やフォント（文字書体）を決めていきます。これらのデザインの要素があなたのブランドとしての世界観になります。

―― 色の印象をブランディングに利用する

特に、ひとり社長のブランディングではあなたのテーマカラーを決めましょう。名刺やパンフレット、ホームページやブログなどの販促ツールやロゴなどでその色を使います。また、その色を身につける方法もあります。

色彩心理学では、色にはそれぞれに持たれている印象があります。あなたの**テーマカラーに常に触れてもらうと、その色が持つ印象をあなたに重ね合わせてくれる**のです。

赤は活動的や情熱的な印象を持たれ、視覚的にも最も目を引く色です。お客様と並走するようなコンサルタントで使われたりします。また、食欲も増進させるので飲食店にも向いています。モスバーガーのロゴ、マクドナルドのロゴ背景色など企業でも多く使われている色です。

それに対して信頼感や安定感であれば青で、銀行など信頼感を大切にする企業で使われています。お金や法律を扱う士業やファイナンシャルプランナーなど信頼が必要であればこの色です。

これらの色をそのまま使うのではなく、濃淡をつけることでも持たれる印象が変わります。濃ければ重厚感が出ますし、淡く使うと品の良さや柔らかさを感じてもらうことができます。

あなたが決めた色やフォントなどデザインの要素をすべての販促ツールで統一することが大切で、それによって相手の心の中にあなたの印象が世界観としてできあがるのです。

色はイメージを決める大きな要素

様々な色のイメージ

赤
赤：生命力・活動的・情熱的・衝動的・強烈・派手・おめでたい・力強い　など

オレンジ
橙：家庭・活発・自由・暖かい・深い知恵・推察力・フレッシュ・にぎやか・ポジティブ　など

黄
黄：好奇心・向上心・知識・幸福・光・軽快・カジュアル・エネルギー・明るい　など

緑
緑：穏やかさ・調和・自然・平和・バランス・協調・リラックス・若々しさ　など

青
青：平和・安全・冷静・誠実・清潔・若い・爽やか・静かさ・涼しさ　など

紫
紫：高貴・優雅・魅力的・上品・非現実的・霊的・神秘　など

白
白：清潔・潔さ・美しさ・純粋・神聖・新しい　など

グレー
グレー：調和・穏やか・スタイリッシュ・過去・大人・エレガント・思い出　など

黒
黒：高級感・男性的・沈黙・威厳・クール・プロフェッショナル　など

様々なフォント（文字書体）のイメージ

明朝体
高級感、上品さ、落ち着き、女性的　など

ゴシック体
安定感、信頼感、定番感、シャープさ、男性的　など

丸ゴシック体
親しみ、かわいさ、女性的、若さ　など

楷書体
上品さ、落ち着き、和風、風情　など

POP体
若さ、親しみ、割安感、楽しさ、元気　など

デザイン書体
種類が様々ある。革新、若さ、新しさなど、種類によって異なる

色やフォントには、一般的に割り当てられたイメージがある

「繰り返し」があなたの好印象をつくる

—— 何度も繰り返すと好意的な印象になる

「印象」というものは何度も繰り返し接触することで強くなります。**人には、同じものやことに何度も接触すると知らず知らずに好意的な印象を持つようになる単純接触効果（ザイオンス効果）という性質があります。**

テレビやどこかでなにげなく耳に入ってきた商品名や音楽で、最初は何とも思わなかったのに、何度も聞いているうちに好きになっていたという経験はありませんか？　最初はいまいちピンとこなかったのに、何度も接触するうちに気になって好きになっていたこともあるかもしれません。

ソフトバンクは、白い犬をお父さんとした家族のCMを続けて好感度を高めることに成功しました。それに対して業界１位のキャリアは、頻繁にイメージを変えているので、印象が弱く感じられます。

—— 同じことを続けるのがブランディング

これをひとり社長のブランディングに応用します。

今は、ホームページをはじめ、様々なSNSもあります。こうした販促ツールやSNSのプロフィール写真、肩書きなどをすべて統一することで、単純接触効果を広く与えることができます。

定期的にアップされている人気のYouTube動画を見ると、毎回同じポーズで挨拶しています。何度も見ているとその印象が残るようになりますよね。そんなことでも効果があります。

ひとり社長としてすぐに実践できることは、ホームページやパンフレットの同じ位置にロゴやスローガン、キャッチコピーを載せる。メルマガやブログ、動画などの配信を継続的に行う。SNSやブログの更新を定期的に行うなどです。その際は、冒頭の書き出し、最後の締めの言葉を毎回同じにするのがポイントです。

人と会う時の服装や持ち物で、いつも同じ色のものをつけるなどのやり方もあります。こうして同じような接触を繰り返すことで、あなたの良い印象がつくり出されていきます。

何度も接触すると印象が良くなる

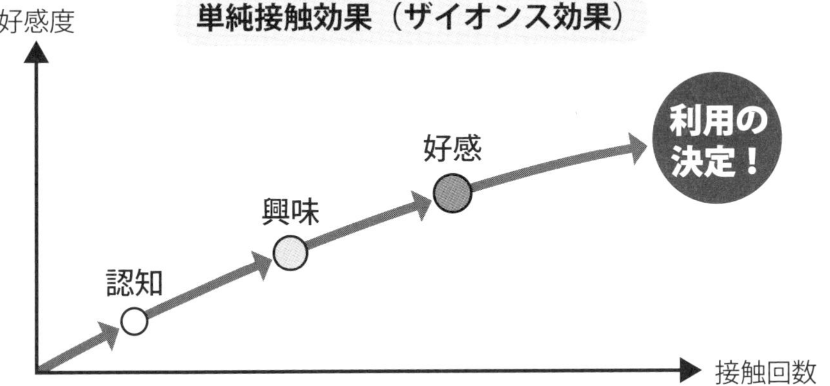

お客様に持ってほしい印象を統一して伝え続ける

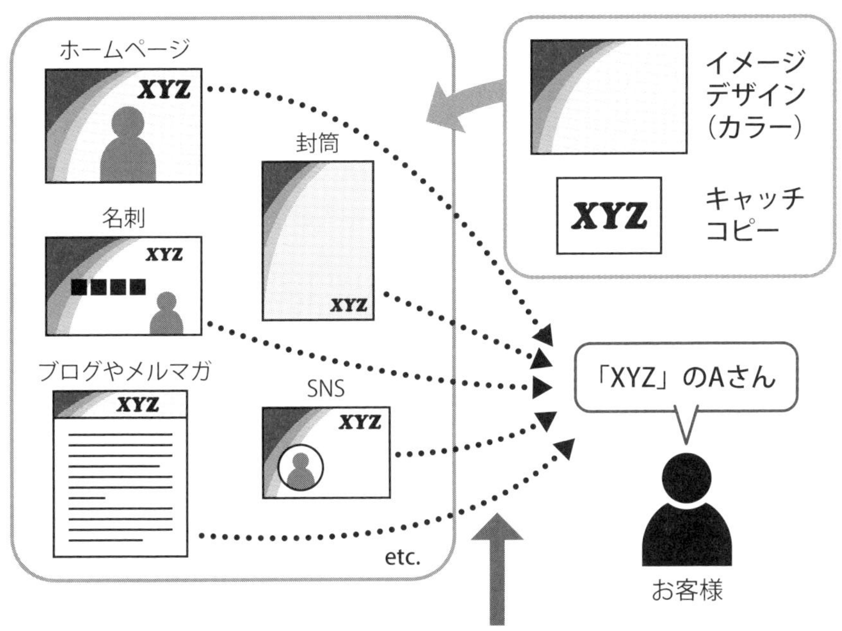

Column

お客様のタイプで伝え方を変える

なかなか行動に移せない人っていますよね。人間には行動するモチベーションが必要なのですが、それをどうやって高めればよいのかが難しいところで、これはお客様に購買行動をしてもらう際も同じです。

そこで人間を２つのタイプに分けてみます。

どのようなタイプかというと、「目的追求型」と「問題回避型」です。相手がどちらのタイプかであなたの伝えるメッセージが変わり、それが購買決定にも大きく影響してきます。

目的追求型の人は、目的や目標を持つことでモチベーションが上がるので、「こうなりたい！」と思ってくれたら行動するようになります。このタイプに対しては、得られるものや、その人が望むことを伝えます。「この商品・サービスを利用すればあなたの望む○○な結果になります」と。

例えば、あなたが税理士や経営コンサルタントで、お客様が経営者であれば「会社がこんな良い状況になり、社員も気持ちよく働いてくれます」という伝え方です。

逆に問題回避型の人は、「こうなったら嫌だ！」と思ったら、それを避けたいと思って行動します。このタイプに対しては、避けたい状況、望まない状況を避けられることを伝えます。「この商品・サービスを利用しなければあなたの望まない結果になるかもしれません」というように。

最初の雑談やヒアリングで「これからどうなりたいですか？」などの問いかけをして、お客様のタイプを想定します。これはニーズを引き出す質問ではないので、相手の深いところに入っていく必要はありません。お客様が「こうなりたい」「こうしたい」と、目的を達成したいと言ってくれば目的追求型と考えることができ、「今こういう状況」「こうなったら困る」など現状の問題や望まない未来を多く話してくれるようであれば問題回避型と想定することができます。

お客様のタイプによって自分の商品・サービスのアピールのしかたは、大きく変わるのです。

第4章

ブランディング全体の構築のしかた、伝え方

未認知からリピートまでもっていく

―― スタートはまったく知らない状態から

ブランディングの目的は、お金を使って何度も利用してくれるお客様、つまりリピート客を増やすことです。お客様に**リピート客になってもらうためには、いくつかの段階があります**。

まずは、あなたのことをまったく知らない状態（未認知）からスタートします（右ページ図）。そこから何らかのきっかけで、あなたを知った状態である認知となり（見込客）、最初の利用をしてくれた既存客となります。そこから、最終的に何度も利用してもらうリピート客となっていくのです。

◎未認知から認知・見込客へ

自分の存在を知ってもらい、どのようなニーズを解決できるのかをアピールします。コンサルタントであれば社員が自発的に動くようになる、売上を効率よくアップさせるなど、あなたの存在と共にどのような結果を提供できるかを伝えます。

◎見込客から既存客へ

あなたの存在をわかってもらい、興味が出てきた段階が見込客です。そこで他とは違うニーズの解決方法や提供方法などを伝えます。利用決定前の不安を解消するために、実績やお客様の声などをアピールすることも必要です。提案書を提出するだけでなく、通常業務の中で社員と一緒になって販促のセッションを行うなど、サービスを伝えて利用してもらいます。

◎既存客からリピート客へ

一度利用してもらったお客様に何度もリピートをしてもらうため、お客様と近い存在であることを伝え、継続してより良い成果を得られるイメージを持ってもらうよう接触を繰り返します。つまりあなたのファンになってもらえるように、深い関係性を築いていきます。

仕事以外でも連絡して、日常的な話をしたり、悩みを聞いたりすることで、より密接な関係になることもできます。それぞれの段階で、どのような施策を行うかを仕組みとして検討します（187ページ〈シート６〉）。

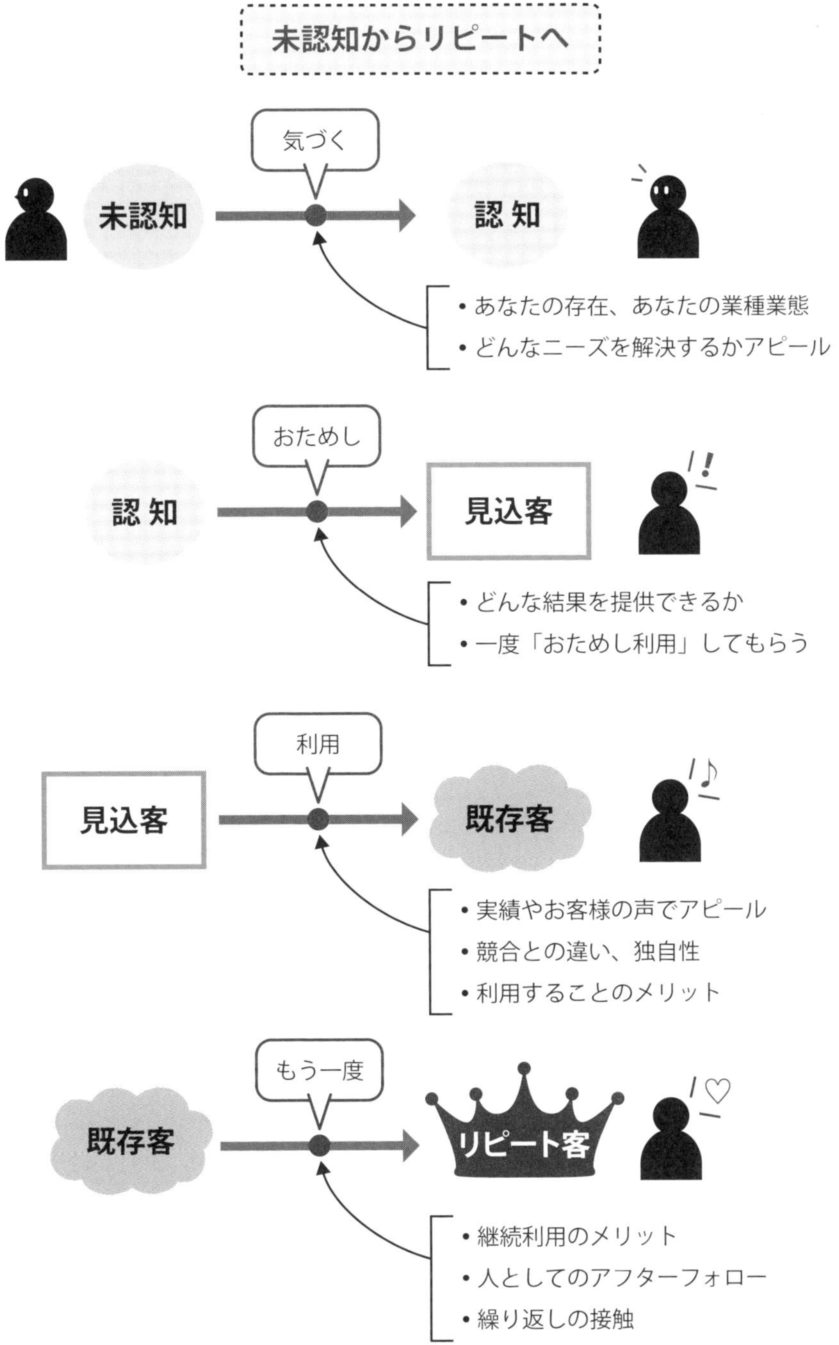

未認知からリピートへ

気づく

未認知 → 認知

- あなたの存在、あなたの業種業態
- どんなニーズを解決するかアピール

おためし

認知 → 見込客

- どんな結果を提供できるか
- 一度「おためし利用」してもらう

利用

見込客 → 既存客

- 実績やお客様の声でアピール
- 競合との違い、独自性
- 利用することのメリット

もう一度

既存客 → リピート客

- 継続利用のメリット
- 人としてのアフターフォロー
- 繰り返しの接触

02 ブランディングを仕組み化する

── 仕組みは「接点」→「おためし」→「利用」→「リピート」の流れ

ブランディングをするメリットは、こちらから売り込むのではなくお客様のほうから行動してもらえるようになることです。そのためには、**お客様が来てくれる仕組みをつくる**必要があります。

この仕組みは、お客様があなたを知って、興味を持って、利用したいと思ってもらい、リピートしてもらうまでの流れを想定してつくります。

流れは、「接点」→「おためし」→「利用」→「リピート」になります。

── 流れに合わせてアプローチする

コンサルタントやコーチなどの支援業であれば、まずは最初の「接点」としてSNSやネットの広告などを活用します。イベントや交流会などに参加して接点をつくり、SNSにつなげるようなやり方もあります。

次に「おためし」です。接点で、あなたの存在を認識してくれた人たちに、お試しセミナーなど利用のきっかけになるイベントを開いて集まってもらいます。あなたの商品・サービスを使えばどのような良いことがあるかを体験してもらう機会です。ここでは売り込みをしたりしません。

「利用」は、そのセミナーに申し込んでもらうことで入手したメールアドレスや住所などの連絡先に、あなたの提供したい商品・サービスを紹介するのです。見ず知らずの人にあなたの商品・サービスを紹介しても売れるはずはありませんし労力もかかります。しかし、セミナーに参加してくれた人はあなたの提供する商品・サービスに興味を持っているのですから、利用してくれる確率はとても高くなります。

そして、「リピート」をしてもらうためにSNSの継続的な交流や定期的な訪問、DMなどを行っていきます。

飲食店やサロンなどの店舗であれば、最初の接点としてチラシ配りやポータルサイトへの登録などを行い、そこからホームページや店舗へ誘導するような仕組みにします。リピートへの誘導は、LINE登録やポイントカード、次回利用の割引券などが有効です。

「流れ」をつくってお客様を誘導する

接点

- ネット広告
- SNS
- チラシ
- イベント参加　など

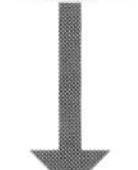

おためし

- 無料セミナー
- 相談会
- １か月間返品保証　など

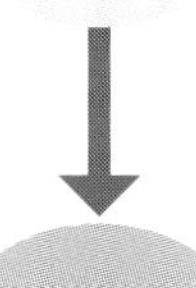

利用

- メイン商品の紹介
- メリットのアピール
- クロージングトーク　など

リピート

- SNSで交流
- 定期訪問
- オンラインサロン・グループ
- DMの送付　など

これらをつなげて仕組み化

お客様が選びやすい環境をつくる

03 お客様とあなたの接点をつくる

―― 効率よく選ばれるための接点を考える

ひとり社長は、販促にたくさんのお金をかけられません。そこでお客様の行動を想定し、シナリオとしてあなたの販促計画を立てます。

最初に、想定するお客様との接点をつくるために、彼らに見てもらえる販促媒体や活動を検討します。

まずは自分の使える販促施策や活動をピックアップしてみましょう。ポイントはお客様のライフスタイルや行動パターンを想定することです。その**最初の媒体から次へ誘導し、それらをつなげて１人のお客様が行動するようなシナリオ**にしていきます。

まず、想定するお客様との最初の接点を考えます。

業種業態にもよりますが、まったくの未認知からアプローチできる媒体としては、ネットやSNSなどの広告やポータルサイトに登録すること、何かのリアルイベントや交流会などに参加する、などでしょう。

予算があれば業界紙や新聞、雑誌や地域広報誌などに広告を出すのも効果があります。

お店を経営しているのであれば、チラシや看板なども接点となります。これらの媒体であなたの存在を知ってもらった後に、購買や契約、来店といった次の段階へ誘導するようにします。

―― 接点はやりやすさよりお客様と出会えるものに

自分のやりやすい方法であることも大事ですが、必ず相手に見てもらえる、接触できる可能性のあるものであることのほうが大事です。例えば、若い人向けの店舗なのに新聞の折り込みチラシを使ったのでは、見てもらえる可能性は低くなります。高齢者向けなのにX（旧ツイッター）を使ったとしても、可能性は極めて低くなります。

そして接点は、お客様から見てもらえるSNS広告、こちらからアプローチするDMや訪問、第三者が開催するイベントなど、あらゆる企業活動の中で使えるものはすべて使うようにします。

接点はできるだけ多く

あなた

お客様と出会える接点

DM

SNS
広告

チラシ

看板

プレス
リリース

イベント

展示会

交流会

ブログ

メルマガ

接触

商品・サービス
を売る
次の場所へ

想定した
お客様像

何で接触
できるか
検討する

- ライフスタイル
- 生活パターン
- 情報収集の方法
- 移動手段
- 価値観　など

知られるだけではダメ！ 認知には２段階ある

――「必要な時に思い出される」認知を目指す

どのような商品・サービスを扱っていても、「認知」は大切です。

お客様にとっての認知度には２種類あります。それは、「知られること」と「必要な時に思い出されること」の２つです。

最初の段階の、単に知られているだけでは意味がありません。例えば、たまたま通りがかったら「こんなお店あったね」と思い出せるけど一度も入ったことのないお店。これは単にそのお店を知っているだけの段階です。接点はあるけど見たことがあるだけの段階です。

ブランディングでは、次の段階の「必要な時に思い出されること」を目指す必要があります。それは相手が持っている何らかのニーズをあなたが解決できる存在として知られているということです。「パンが食べたい…」と思ったその時に、「〇〇にある、カレーパンがおいしいパン屋さん」と思い出してもらえることです。

―― まずは知られるために入口を広げる

そんな存在として知られていると、その人に必要が生じた時に真っ先に思い出してもらうことができ、選ばれる可能性が高くなるのです。

とはいえ、まったく知らないものを必要な時に思い出すことはありません。そこで**まずは「知られること」が必要で、分母としてできるだけ多くの人にあなたの存在を認識してもらうようにしなければなりません。**

多くの人に最初の認知をしてもらうため、できるだけ入口を多くしましょう。ひとり社長にとって最も簡単かつ有効なのは、SNSの活用です（第５章参照）。またネット広告やポータルサイトなどへの登録も最初の認知のために効果的です。

そして、あなたを必要な時に思い出せるように促していきます。つまりブランディングとしてどのようなニーズを解決できるかをアピールするのです。前項で述べた「接点」をつくり、購買や利用決定をしてもらうために、自分がどのくらい「良い結果」を提供できるかを伝えていきます。

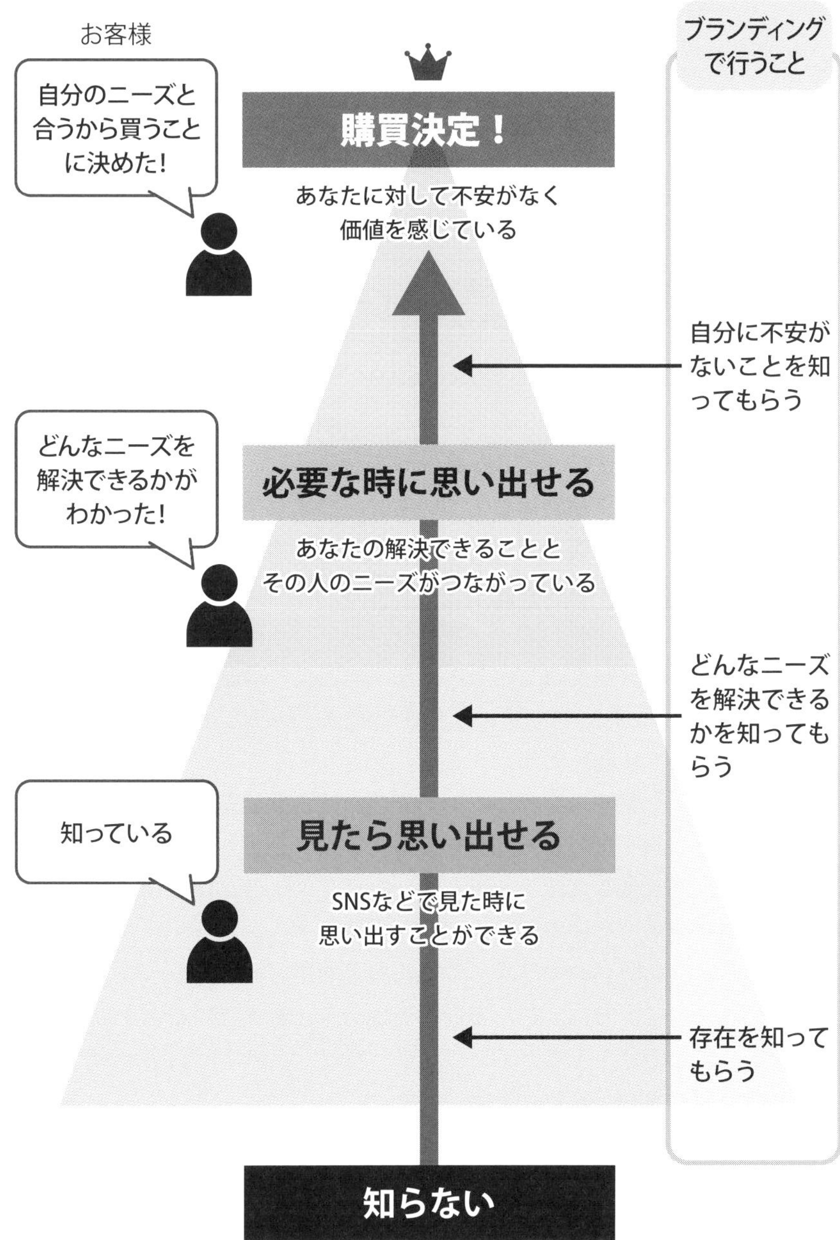
認知から購買決定へのプロセス
お客様
ブランディングで行うこと
自分のニーズと合うから買うことに決めた!
購買決定!
あなたに対して不安がなく価値を感じている
自分に不安がないことを知ってもらう
どんなニーズを解決できるかがわかった!
必要な時に思い出せる
あなたの解決できることとその人のニーズがつながっている
どんなニーズを解決できるかを知ってもらう
知っている
見たら思い出せる
SNSなどで見た時に思い出すことができる
存在を知ってもらう
知らない

ハードルの低い商品・サービスで見込客を集める

── 利用してもらわないとはじまらない

お客様に認知されたら、次に実際に購入してもらったり、利用してもらう必要があります。そのためには、お客様のハードルを下げてあげなければなりません。そこで最初に買いやすい商品を提示します。

それが見込客を集める「集客商品」（おためし商品）です。ここでいう集客の「客」はお客様ではなく「見込客」です。集客商品は、利益を出すためではなく、見込客を集めるための商品・サービスで、最初に（前で）提供する商品という意味で、フロントエンド商品ともいわれます。

── 無料か格安商品で、とにかく使ってもらう

集客商品は、お客様が利用しやすいもの。つまり無料であったり価格の安い商品で、一部の機能やサービスのお試し、相談、イベントなどです。

サプリメントなどの健康食品で、初回の方のみ１か月分無料などのお得な「おためし商品」がそれです。無料サプリメントを試したい人は自分の健康に関するニーズを持っていると予想されるので見込客となるのです。

「集客商品」は、見込客を集め販促を効率よく行うことができるので、つくることをおすすめします。

例としては、士業やコンサルタントであれば税制改正セミナー、モチベーションアップ講座など専門知識を使った無料セミナー、中小企業診断士では補助金や助成金を活用するセミナーなどです。そこに集まる人たちは補助金に興味を持っている見込客です。パーソナルトレーナーやエステでは、初回限定のお試しセッションや施術なども集客商品となります。

集客商品のポイントは、ここで利益を出そうと考えないことと、連絡先を入手することです。そこからDMを送ったり、次のホームページなどへ誘導する仕組みをつくることです。

これらの集客商品を利用してもらった見込客に対して、はじめて利益の出せる商品（利益商品：バックエンド商品）を提示して、利用してもらうのです。

低価格や無料であっても安売りではない

集客商品〜フロントエンド商品

お客様が利用しやすいもの

低額商品　無料特典　お試し　イベント

セミナー　…etc.

例　お試しセミナー、無料相談、サンプル、初回割引、メルマガ（情報）、日替わり商品　等々

ポイント

- 利益は出なくていい
- お客様の情報（メールアドレスなど）を入手するのが目的

見込客を集めるためのもの　安売りとは違う

利益商品（バックエンド商品）の提示へ

（188ページ〈シート7〉）

ブランディングは「不安の解消」になる

―― 不安があるものに価値は感じない

人は初めての何かを買う時は、「利用して大丈夫かな？」という不安を持っています。ブランディングによって、その不安を超えて選んでもらえるようにする必要があります。

この不安は、お客様の感じるリスクともいわれており、大きく分けて「お金」「機能・効果」「身体的なこと」「時間的なこと」「心理的なこと」「社会的・業界のこと」の６つのリスクになります。どのリスクを強く感じるかは、あなたの業界や業種業態、商品によって異なります。まずは、あなたのビジネスで、**お客様は購買前にどのような不安を感じるかを想定し、不安を低減させてあげる必要がある**のです。

――「おためし」で実績と人柄等をアピールできる

例えば、税理士であれば、「本当に節税になるのか？」「無駄金にならないか」「難しいことを言われないか」といった不安があったりします。これらの不安を解消するには、実際に節税できた、業務が効率化した、といったお客様の声や実績を示す必要があります。

コンサルタントであれば、「言っているだけの結果が本当に得られるのか？」「絵空事のような調査結果を渡されて終わりでは？」という不安があります。先の例と同じように実績や仕事の取り組み方を示し、社員と一緒になって動くことを伝えるなど、信頼できる根拠を提示します。

ホームページやSNSなどでよく見るお客様の声や感想、実績・事例、よくある質問などはこの不安を解消させるためにあります。使用前・使用後などの写真や例も同様です。

こうした不安は、前項の集客商品の段階でも解消させることができます。実際にあなたのセミナーを聞いたり、少しではあっても利用することで、サービスの効果やあなたの人柄が伝わったりします。

同じ意味で、SNSやホームページなどで、あなたの人柄をアピールすることは不安を解消させる大きな要素になります。

ブランディングで不安を取り除いてあげる

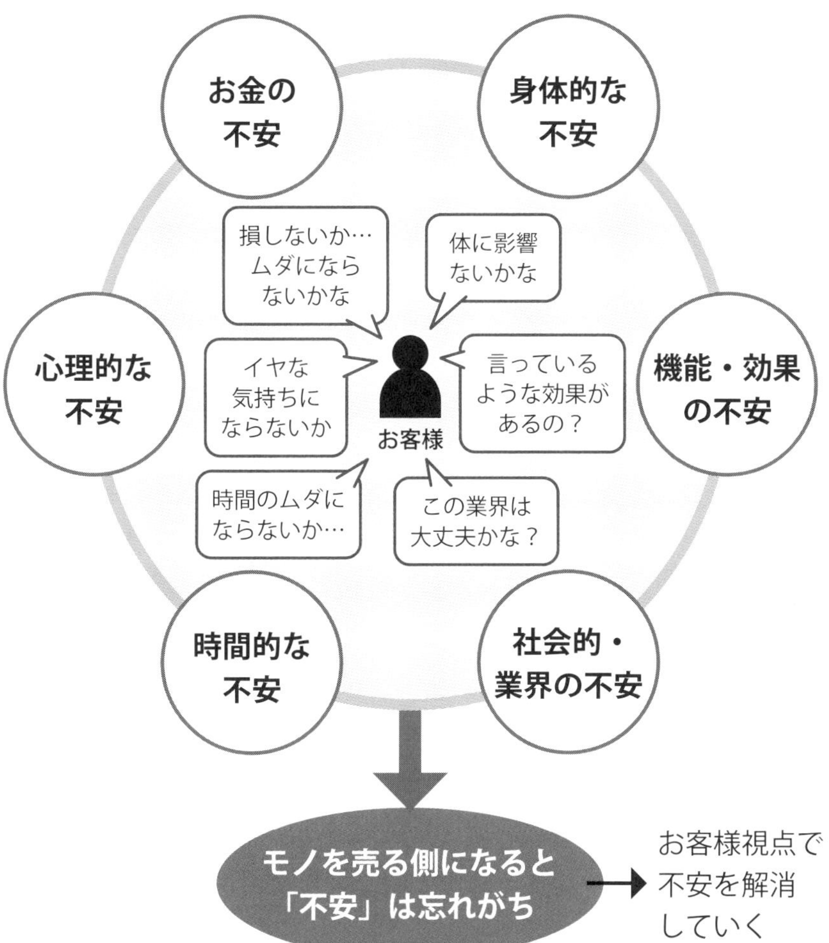
●購入前の6つの不安●
お金の不安
身体的な不安
心理的な不安
機能・効果の不安
時間的な不安
社会的・業界の不安
損しないか…ムダにならないかな
体に影響ないかな
イヤな気持ちにならないか
言っているような効果があるの？
時間のムダにならないか…
この業界は大丈夫かな？
お客様
モノを売る側になると「不安」は忘れがち
お客様視点で不安を解消していく

不安を解消するもの

お客様の声（感想）、実績・事例、資格、Q&A、権威ある人の紹介、人柄アピール　など

「知られている」と「知られていない」商品のアピールは違う

―― わかりやすい商品は競合が多い

あなたの扱う商品・サービスは、どのようなものでしょうか。

すでに同じような商品があって、それが知られているものでしょうか。それともまったく新しい商品だったり、どのようなものか理解されていないものでしょうか。どちらなのかによってアピール方法が変わります。

「すでにあるもの」は、競合がすでにいるということです。どんな商品・サービスかを多くの人が理解しているので、競合他社と比較される可能性が高くなります。税理士や弁護士、整体やエステ、飲食店や不動産、保険販売など、一般的によく知られている業種がこれに当たります。保険など、扱っている商品の違いだけでは、競合との違いは見えにくくなります。

そこで、**提供方法や人柄といった「付加的・付帯的な価値」をアピールすることで、わずかであっても他との違いをつくることができます**。

SNSなどで自分の写真や人柄をアピールすることで他との違いを出すことができます。例えば士業であれば、来所不要で、すべてオンライン対応できます、というのも付加的な価値をアピールでき、他との違いがわかりやすくなります。

―― 知られていない商品は工夫しないと選ばれない

「まったく新しい商品、どんなものか理解されていないもの」は、そもそも何ができるのかお客様がわかっていません。つまり自分の求めているニーズとその商品・サービスを利用して得られるものとのつながりが認識できていないことになります。コンサルティングやコーチ、カウンセラー、ファイナンシャルプランナー、あるいはまったく新しいシステムや商材の場合などです。こちらは**主に「提供した結果」をアピール**します。

例えば、「ブランディング・コンサルティング」は、あまり一般的ではありませんでした。多くの人はどのようなものか理解していなかったのです。そこで売上を伸ばせる、社員のモチベーションを高められるという結果をアピールすることで選ばれるようになりました。

ブランディングの方向性は商品によって変える

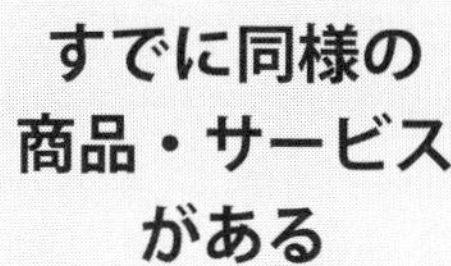

すでに同様の商品・サービスがある

ニーズはある
↓
競合が多い

まったく新しい、または何だかわからない商品・サービス
↓
ニーズと結びついていない
↓
何ができるのかわからない

他との違いをアピール

機能だけでなく提供方法や人柄など、付加的な価値を見せる

ニーズを喚起

お客様が求めているニーズと商品・サービスとの関連をアピール

ブランディング

「できたらほしい」と「ないと困る」商品のアピールは違う

―― 良い結果を得られるイメージを与える

人がモノを買う時には、大きく分けて「できたらほしい」と「ないと困る」の２つの方向性があります。ブランディングでは、その方向性に合わせたアピールをします。

「できたらほしい」というのは、絶対に必要ではないけど、あったら良い結果が得られるもの、極端に言うとそれがなくても生きていくのに支障がないものです。例えば、経営コンサルティングは企業活動ではなくても構わないものですし、株や不動産などの投資、美容やトレーニングなども絶対に必要なものではありません。

このような商品の場合は、**その商品によって現状を大きく変えることで良い結果を得られることをイメージさせます**。憧れや強い欲求を満たせることを認識してもらうのです。

エステやトレーニングは、美しい体や締まった体をアピールしていることが多いです。さらには異性からモテるというような良い結果を伝えることで、「できたらほしい」を、「ぜひ手に入れたい」気持ちにさせるのです。

―― ないと困るものは安さで選ばれがち

そして「ないと困る」は、何かをする際には必ずあってほしいものです。企業活動では日々の会計処理や決算などが必要で、そのためには税理士はいてくれないと困ります。日常的に使うものや医療や介護などもなくてはならないものです。この場合は、前項で述べた「すでにある知られている商品」であり、競合が多いと考えられます。

つまり、**付加的な価値や、提供したことによる良い結果をアピールするのが効果的**です。整体院などでは「腰の痛みで日常生活がきつい」という良くない状況を回避できること、体の歪みがなくなりよく眠れるようになる、動きが軽くなりやせる、などです。

なお、この２つの方向性は、どちらにでも考えられることがあります。その場合は、やりやすいほうで行ってください。

自分の商品・サービスはどちら？

ほしいけど
必ずなければ
いけないものではない

高級品、嗜好品、ファッション、コンサル、コーチ、エステ　等

まったく買われない
可能性

現状を大きく変える
良い結果をイメージ
させるアピール

必要なんだけど
別にほしいもの
ではない

日用品、公的に必要な仕事（士業等）、食品、医療　等

価格で選ばれる
可能性

他とは違う
独自性をアピール
（価格ではなく、利便性など）

09 お客様を迷わせないため「おすすめ」をつくる

── 商品を絞って入りやすい入口にする

いくつもの商品ラインナップを提示して好きなものを選んでもらうのは、一見親切なようで、実はお客様にとって負担になります。どれにしようか迷っているうちに結局買うのをやめてしまう、ということもあるのです。

そこで、最初にすんなり選んでもらうためには、**商品・サービスのラインナップをできるだけ少なくすることが大切**です。「おすすめ商品」を用意する方法もあります。おすすめ商品は低価格で、お客様が利用しやすいものにします。

94ページでも述べたように、コンサルタントや士業では、最初におためしや体験的セミナーなどを行うことが多いので、これをおすすめ商品として掲げます。まずはこの商品・サービスを利用してもらうようアピールすることで、お客様はそのセミナーを受けるか受けないかを決めるだけで、選ぶ必要がなくなります。

──「おすすめ」はパッケージ化でつくる

また、自分の商品ラインナップからいくつかを集めて新しいパッケージにして、おすすめにすることもできます。飲食店の、前菜３点セット、お肉盛り５点セットなどは、まず迷わずに注文してもらうための手法です。

自分でおすすめ商品を絞りにくいのであれば、ターゲットとするお客様別に、おすすめを提示する方法もあります。例えば経営コンサルタントであれば、お客様のニーズを細かくして「○○な方はこちら」と、いくつかのおすすめをつくり、それぞれにコピーをつける方法もあります。「売上アップをしたい方はこちら」「人材育成をしたい方はこちら」というようにすると、お客様の考える手間を省くことが可能です。

おすすめ商品を入り口に利用をしてもらいますが、最終的にはお客様ごとの単価を上げていきたいので、様々な商品・サービスを利用してもらうことを目指します。お客様に選んでいただいたおすすめ商品に関連する商品を紹介して購入、利用していただく（クロスセル）ようにしていきます。

人は選ぶことが苦手

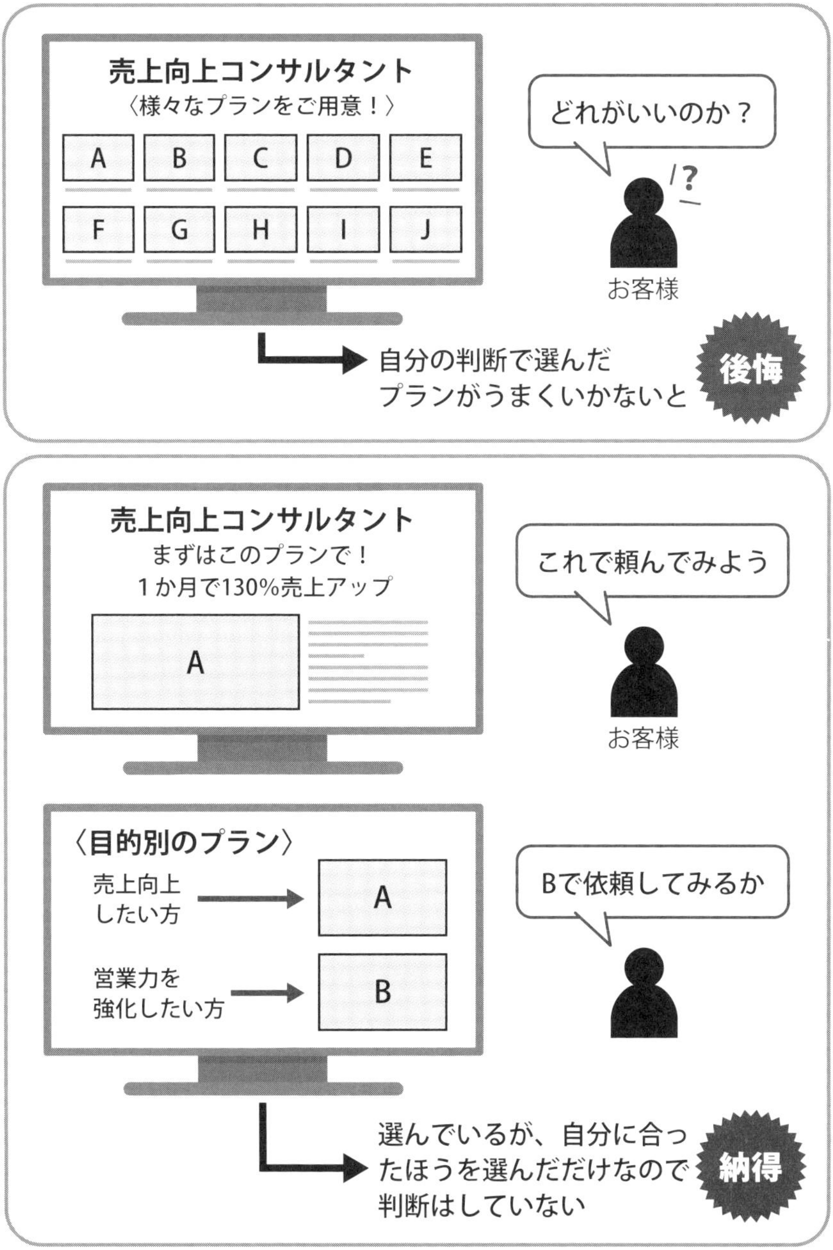

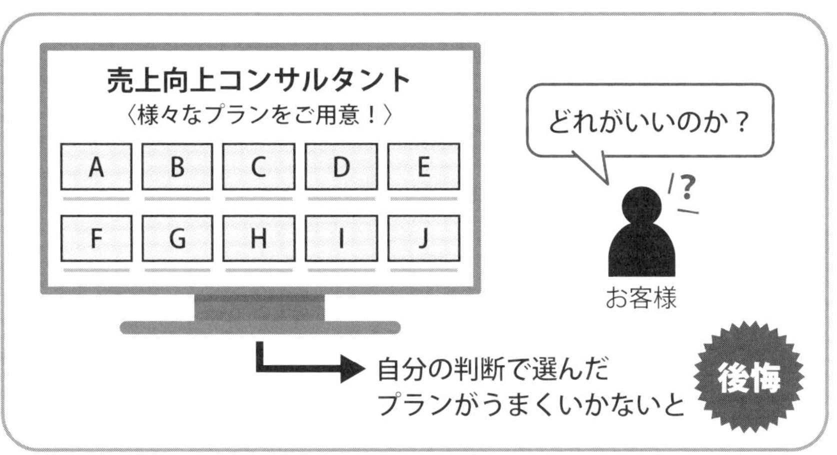

売上向上コンサルタント
〈様々なプランをご用意！〉
A
B
C
D
E
F
G
H
I
J
どれがいいのか？
?
お客様
自分の判断で選んだ
プランがうまくいかないと
後悔
売上向上コンサルタント
まずはこのプランで！
1か月で130%売上アップ
A
これで頼んでみよう
お客様
〈目的別のプラン〉
売上向上
したい方
A
営業力を
強化したい方
B
Bで依頼してみるか
選んでいるが、自分に合っ
たほうを選んだだけなので
判断はしていない
納得

10 ターゲットに合わせて入口を分ける

── 商品・サービスによって接点を変える

ひとり社長ブランディングは対象のお客様を絞り込むことが大切ですが、商品・サービスによっては、対象のお客様が複数いる場合があります。その際は、**対象のお客様ごとに最初の接点となる入口を別に用意したほうが親切**です。

例えば、個人向けのサービスと企業向けのサービスがあり、その両方を１つのホームページでまとめてしまうことがあります。すると、企業の担当者がそのホームページを見た時、個人向け情報が混在していると専門性が薄れてしまい、アピール度が弱くなってしまいます。

そうならないよう、個人向けのサービスと企業向けのサービスで、別々のホームページをつくります。そうすることでホームページを訪れるお客様が振り分けられるので、あなたの専門性が伝わりやすくなります。また検索にもかかりやすくなり、アクセスが増えるメリットがあります。

── ブログや紙媒体でも同様の効果がある

ブログであっても、読者対象のお客様が変わるとニーズも変わるので、それに合わせて別のブログを開設することがあります。

結婚相談カウンセラーでは、男性に対するアドバイスと女性に対するアドバイスでは違うところが多いでしょう。別々のブログでそれぞれのニーズに応える記事を載せていけば、どちらからも専門家として見られます。

パンフレットなどの紙媒体も同様で、サービスごとにいくつか作成すると、対象のお客様に合わせて渡すことができるので、やはり専門性をアピールできます。

また、同じ媒体でいくつかの入口をつくるのではなく、お客様に合った媒体で分けるのも効果的です。個人向けの商品・サービスではSNSやブログを入口に、企業向けであればネット広告やイベント出展にするなど、お客様がいそうなところに入口をつくるのです。

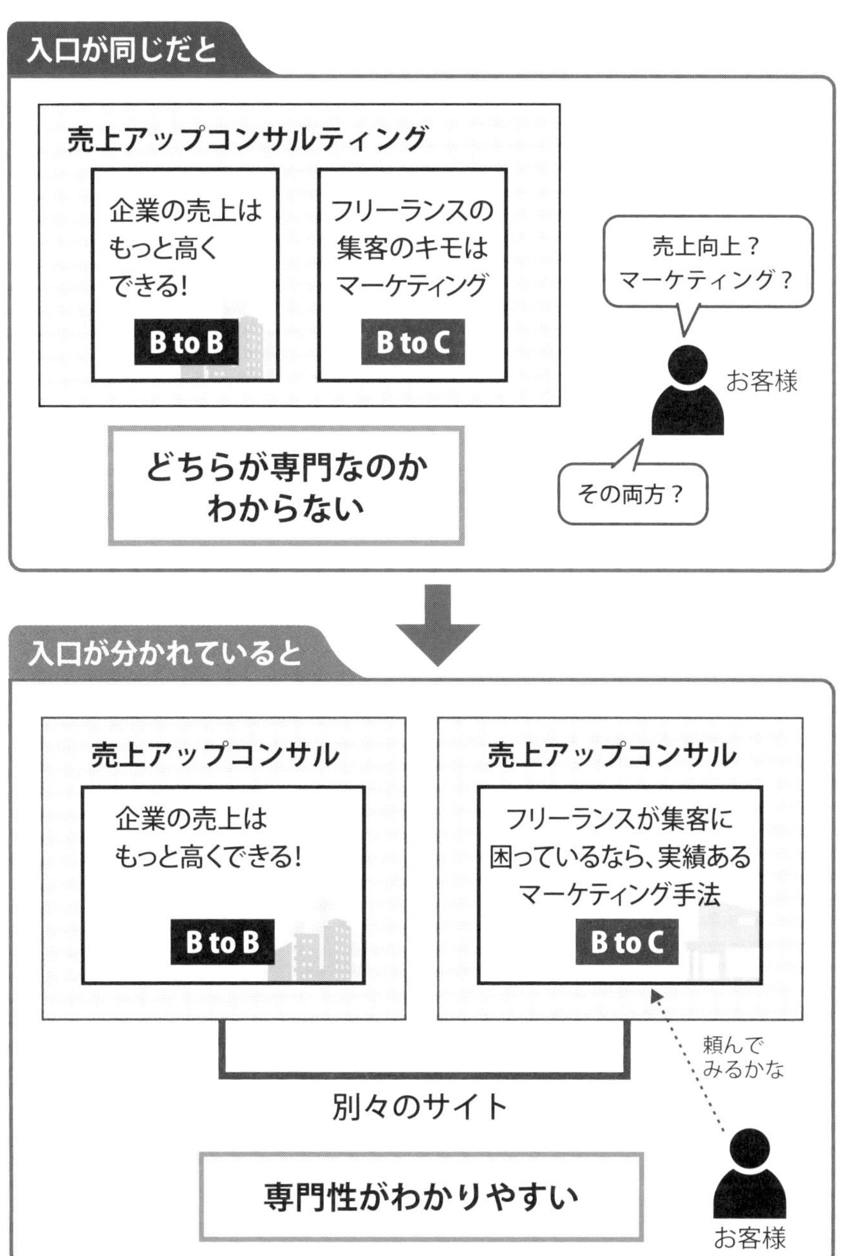
入口を分けることで専門性をアピール
入口が同じだと
売上アップコンサルティング
企業の売上は
もっと高く
できる!
B to B
フリーランスの
集客のキモは
マーケティング
B to C
売上向上？
マーケティング？
お客様
その両方？
どちらが専門なのか
わからない
入口が分かれていると
売上アップコンサル
企業の売上は
もっと高くできる!
B to B
売上アップコンサル
フリーランスが集客に
困っているなら、実績ある
マーケティング手法
B to C
頼んで
みるかな
別々のサイト
専門性がわかりやすい
お客様

ブランディングを成功させる「一貫性」

―― お客様に「持ってほしい印象」を与え続ける

ブランディングは様々なビジネス活動において、あなたが意図した印象を持たれるようにすることです。あなたのホームページなどに接触したお客様がいきなりあなたの望む（与えたい）印象を持つことは稀で、何度も継続して接触する必要があります。そこで大切なのは「一貫性」です。

iPhoneやMacを販売するアップルは、製品やパッケージ、ホームページなどの広告、店舗やデザインなどすべてにおいて、洗練され革新的な印象を持たれるように一貫性を持って活動をしています。ひとり社長がアップルの真似をすることはできませんが、一貫性は意識しましょう。

―― デザインで一貫性を表す

最も簡単に一貫性を感じさせる方法はデザインです。何度か述べたように、SNSのプロフィール、ヘッダーの画像等をすべて同一のものにします。ホームページやブログ、パンフレットなども同じテイストにすることで、ブランディングとしての一貫性を保つことができます。

また販促ツールの色やフォント（文字書体）をすべて同じにすると印象に残りやすくなります。金融系や士業などは信頼感が特に大切です。そこで基調になる色を信頼感や安定感を持たれる紺色にし、フォントも安定感のある太いゴシック体を使います（81ページ）。すべての販促ツールをそのように統一することで、信頼できる印象を持ってもらえるのです。

また、営業活動を行う際も同様に一貫性を意識することが大切です。SNSやブログで専門的なことを素人さんでもわかるように解説しているのであれば、実際の営業の場でもそのようにすることで一貫性を保てます。

一貫性を保ちながら、同じ印象を持たれる見せ方で何度もお客様と接触をするようにします。

ブランディングは長期の戦略です。ちょっと飽きたからと、突然ホームページのテイストを穏やかな雰囲気から革新的な激しいデザインに変えてしまったりしては、すべてを台無しにしてしまいます。

できることはすべて統一する

「持たれたい印象」
：
きちんとしている

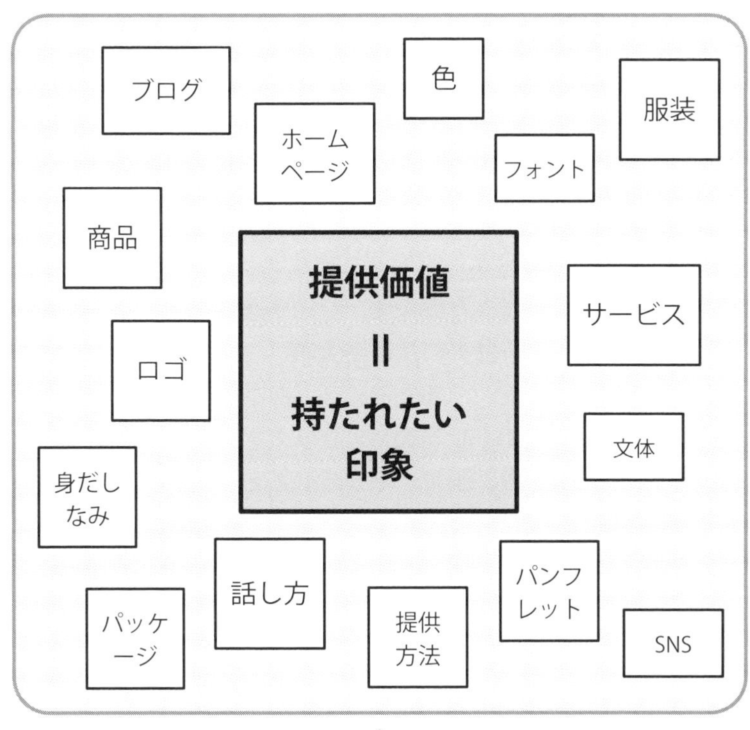

：
重要なことから些細なことまで

すべてがまとまって
１つの強い印象になる

施策を連動させ「点」を「線」にする

―― 単発の販促で終わらせない

ブランディング活動であなたは様々な施策を打ち出し、色々なメディアを使います。これらを単発で考えず、次の施策へ誘導することを考えます。それぞれの施策やメディアの「点」を、上手につないで「線」にしていくのです。

テレビCMの最後に「続きはWebで！」と出るのを見たことはありませんか？　これはCMを最初の接点として認知してもらい、ホームページに誘導して、さらに興味を持ってもらう戦略です。テレビCMを単体の点から、次へ誘導して線にする手法です。

―― 次にやってほしい行動への誘導が大事

ブランディングで点を線にするためには、あなたの施策やメディアに接触した人に、次に行ってほしい行動へとうまく誘導するようにします。例えば、チラシや名刺は最初の接点となります。そこには、もちろんホームページやブログのURLを載せますが、それだけではなくQRコードを入れるなどアクセスしやすくして誘導します。

誘導先が店舗であれば、必ずわかりやすい地図を載せるようにしましょう。また、SNSへ誘導したいのであればQRコードがよいですが、SNSやホームページなどいくつものQRコードが載っていると混乱しますので、**最初の接点から次へ誘導したいものを１つに絞ることが大切**です。見る人はそれらの誘導先で「次に何をすればよいのか」がわかって行動しやすくなるのです。

単体の施策では、どうしてもあなたの価値を伝えることは難しいですし、高額なものであればそれだけでは売れません。次の誘導先を用意してそれらをいくつもつなげていくことで、効率よくあなたの価値を伝えるブランディングとなるのです。

そのためにはどの順番であなたの施策やメディアに触れてもらうかを想定し、それに合わせて誘導先をつくるようにします。

点の接触をつなげて線に

1つの接点では、できることが限られる

単発では不十分

様々な接点の特徴

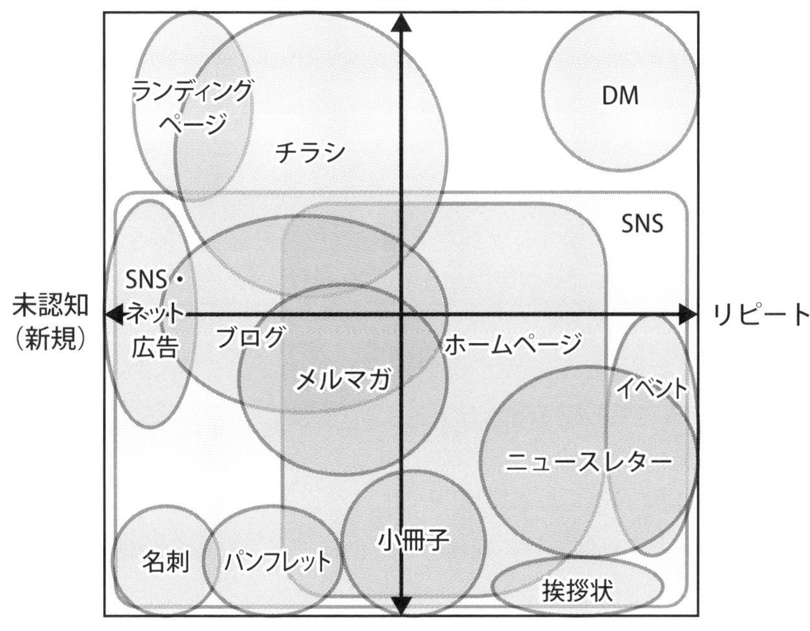

「SNS」で認知したら…

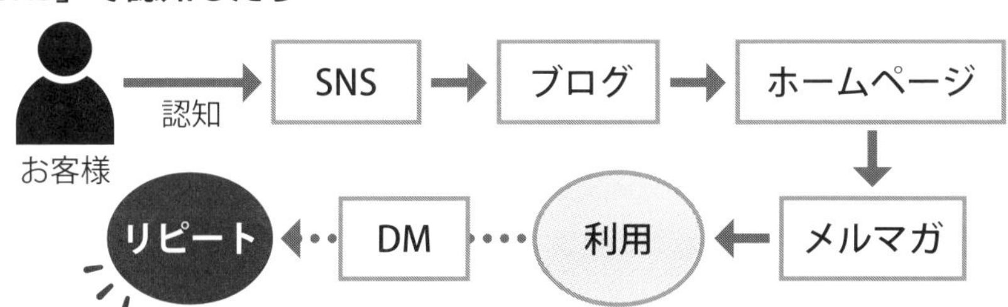

Column

30秒から１分で自分をアピールできるように

ブランディングは長い目で見て自分の価値を認識してもらうことですが、初対面やそれに近い状態で自分をアピールしなければならない機会も少なくありません。そこで自分の商品・サービスを利用した際のメリットを、30秒から１分で伝えられるようにしておきましょう。

これは「エレベーターピッチ」と呼ばれ、起業家やIT企業が集まるシリコンバレーで生まれたと言われています。起業家と投資家がエレベーターで一緒になった際に、起業家が短時間で自分のビジネスを投資家に売り込み「もっと話を聴きたい」と思わせるためのものです。

１分ほどにまとめたいので、コツがあります。まず、いきなり短い文章にしようとしないのがポイントです。ブランディング・コンセプトを軸にしてもよいですが、まずは全体像を組み立てて、文章を削ぎ落とします。以下のフォーマットで組み立てるとつくりやすくなります。

●自己紹介

「～の○○です」

●提供できる結果と扱う商品・サービスの概要

「私は社員が快適に働けるシステムをつくっています」

●その後に相手が得られるもの

「これを利用すれば御社の経費が20%削減でき、社員の離職率も低くなります」

●それができる根拠

「社員のコミュニケーションを円滑にする画期的な機能があるからです」

●相手にしてほしい行動

「明日中にご連絡をいただければ詳しく説明させていただきます」

これで、相手の負担なく自分のメリットを伝えることができます。エレベーターでプレゼンをする機会はないかもしれませんが、ブランディングでも簡潔に自分の商品等をアピールすることは大切です。交流会やイベントでの名刺交換で使うと、次へつながる機会は増えてくるでしょう。

第5章

単価を上げても選ばれるプロモーション術

お客様から「買いたい」と言わせる

―― 無意識に選んでもらうために

ブランディングは、お客様があなたを選ぶべき理由を考えて、お客様に伝えることでもあります。たとえ相手が「何となく買った」「何だかわからないけどほしい」というような理由だったとしても、それはその人にとっては理由のある正しい判断なのです。人は、意識できることが頭の中の３～４％程度といわれます。これに対して意識できないこと、つまり無意識が96～97％です。

この無意識は、その人が過去に体験したことから構成されています。その体験から商品の良し悪しや他との比較が本人の気づかないところで行われています。つまり「何となく」であっても、それはお客様の今までの経験から判断される、当てずっぽうではない判断ということになります。

―― 無意識の不安要素を取り除くのがブランディング

ブランディングは58ページで述べたように、お客様がどのような人なのか、どのようなことを望んでいるのか、その業界やカテゴリーについての過去の体験などを想定して行っていきます。

あなたを選ぶまでには、お客様の心の中で様々な判断や比較検討が行われます。お客様の心の中を覗いてみることはできませんから、**お客様を想定して、そこからお客様の判断基準を探っていく**わけです。

例えば、過去にコンサルタントに高額な料金を払ったにもかかわらず成果が出なかった経験があったり、利用したことはなくてもニュースでコンサルタント関連の詐欺事件等を目にしたことのある人は、無意識にすべてのコンサルタントに不安を持っていると想定できます。そのような場合、過去の実績を大きくアピールしたり、人柄で安心感を与えるなどのブランディングが考えられます。

ブランディングは、これが求められているのではないか？　という仮説を立てて、その仮説をもとに何をするか考えていくことです。これにより１人であっても効率よくビジネスをすることができるのです。

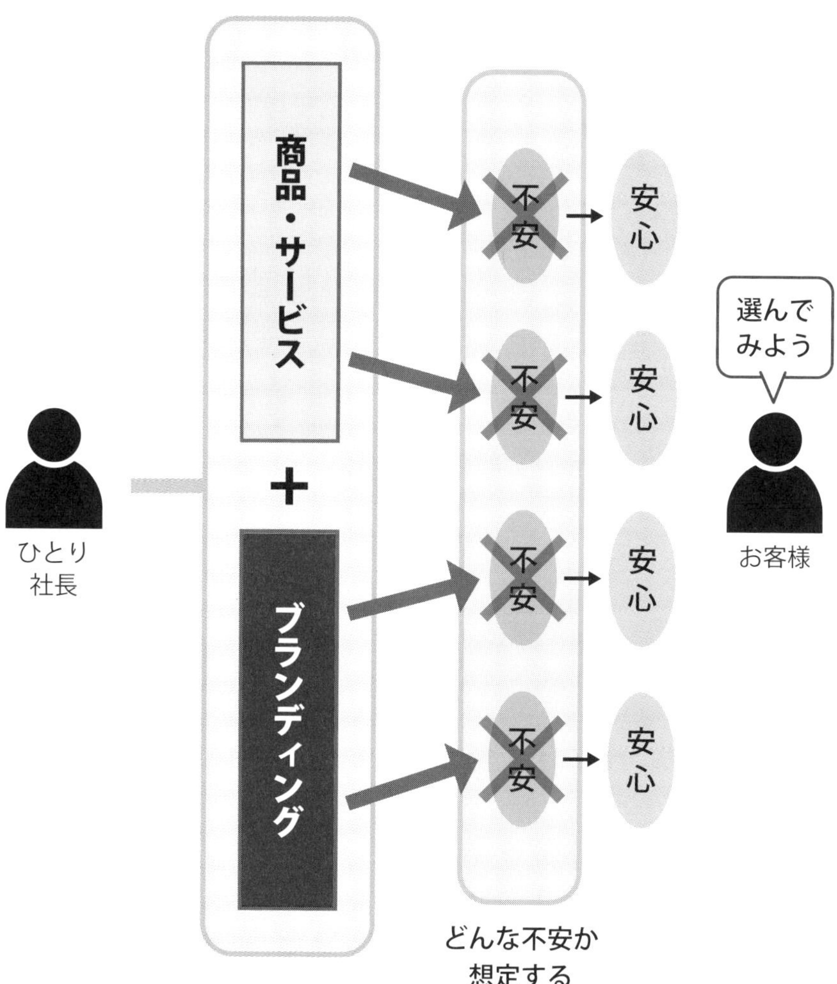

商品・サービスとブランディングでお客様の不安要素を取り除いて、選んでみたいと思わせる

02 専門家の先生として常に振る舞う

—— たとえプロでもお願いされると不安になる

ひとり社長のブランディングでやってはいけないことの１つは、お客様に「お願い」をしてしまうこと。お願いをすると上下関係ができてしまい、安く買い叩かれる要因になります。相手はお願いされているので、第１章で述べたように「じゃあ、安ければ…」となります。

例えば、あなたが何かの病気で手術することになったとします。そこで「ぜひ、うちで手術をさせてください！」「うちに入院してもらえませんか！」という医師がいたらどうでしょう。また、あなたが大学生だったら、教授が「ぜひ、私の授業に参加してください！」「この教材テキストがおすすめです！」と言ってきたらどうでしょう？

たとえ、その手術や入院が必要だったり、その勉強のテーマに興味を持っていたとしても、本当に大丈夫なのかな、と不安になりませんか。

逆に、「順番待ちだけど」「どうしてもというなら」と言われたら、もともと必要であったり興味を持っていたものが、お願いしても利用したいという気持ちになるはずです。

—— 専門家として振る舞うことでブランディングになる

医師や大学の教授は世の中から専門家として認識されています。彼らが専門家として、相手に媚びない振る舞いをしているからそう感じるのです。決して偉ぶるのではなく、それとまったく異なる余裕から醸し出している感覚です。そういう人に対しては、自分の求めているものがあるのかないのか、というお金ではないところで判断するようになります。

ですので、**自信を持って、そのビジネスの専門家と言い切ることが大切**です。相手があなたに興味を持っていても、いきなり営業したりせず、まずは特定のニーズを解決できる専門家として相手の話を聴くようにします。

ここはひとり社長ブランディングにとって非常に大事なポイントです。まずは専門家として堂々と振る舞いましょう。

「専門家」はそれだけでブランディングになる

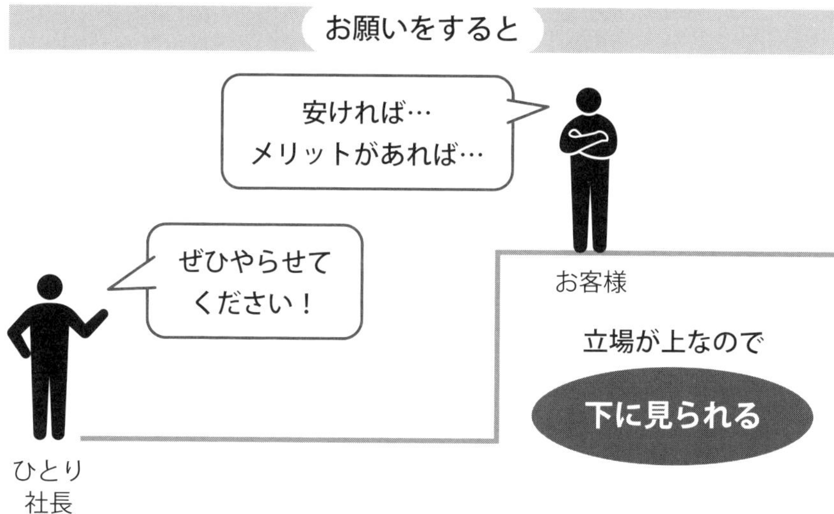

ぜひやらせて

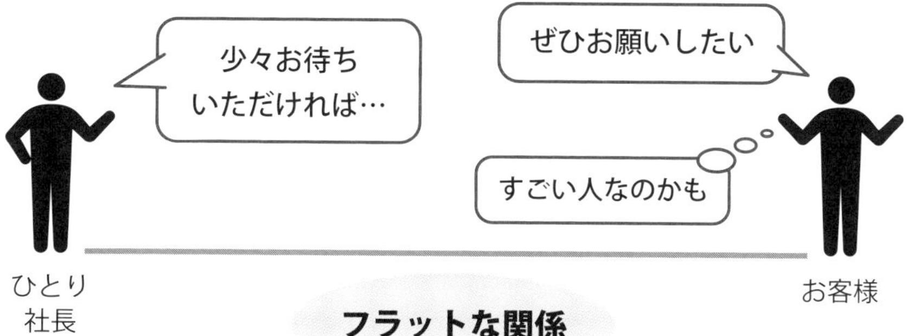

メリットがあれば…

立場が上なので
下に見られる

少々お待ち
いただければ…
ぜひお願いしたい
すごい人なのかも
ひとり
社長
お客様
フラットな関係

偉ぶるのではなく淡々と対応

お客様との良い関係が築ける

03 「提案型」へ移行して新たな価値と単価アップを狙う

―― 受注型では高いフィーを払いたくならない

昔ながらのビジネスの多くは買われるのを待っていたり、売り込んで買ってもらう「受注型」です。ブランディングを行って単価を上げるためには「提案型」へ移行しなければいけません。

相手が困っていることを解決できますよ、と提示するのです。お客様はあなたができることが何なのか、わかっていないことが多いのです。提案型というのはお客様の求めていることを引き出して、それに対してあなたのできることを提案して解決することです。

社会保険労務士は企業の助成金・補助金の申請代行も仕事の１つです。そこでお客様に「何かやることはないですか？」と聞いて「〇〇という助成金の申請をしてほしい」と言われて行うのでは、ただの御用聞き営業です。言われたことをやるだけなので、お客様は高いお金を払いたいと思うはずがありません。

―― 提案型はなぜ単価を上げられるのか？

提案型はお客様に「何か困っていることはありませんか？」と聴いて「社員を入れたんだけど人件費がかかってしまって」と返ってきたら「〇〇という有利な助成金がありますよ」と、こちらから提案するのです。お客様が気づかなかった具体的な案を提示されれば、高いお金を払ってもいいと感じるはずです。

店舗経営でも同様で、お客様が何を求めているかを特定します。エステなどでは癒しを求めているのか、すぐにやせたいのか、将来的に健康になりたいのかによって、提供サービスと提供のしかたが変わるはずです。

単に**「これがオススメです」と自分が売りたいものを提示するのは提案ではありません**。相手の求めているニーズをヒアリングして解決すべき課題を見つけ出し、それに対して解決策を提案することで、自分に合っていると感じてもらえて、単価を上げることが可能になります。

まずはお客様が困っていることを聞き出すのが提案型の第一歩です。

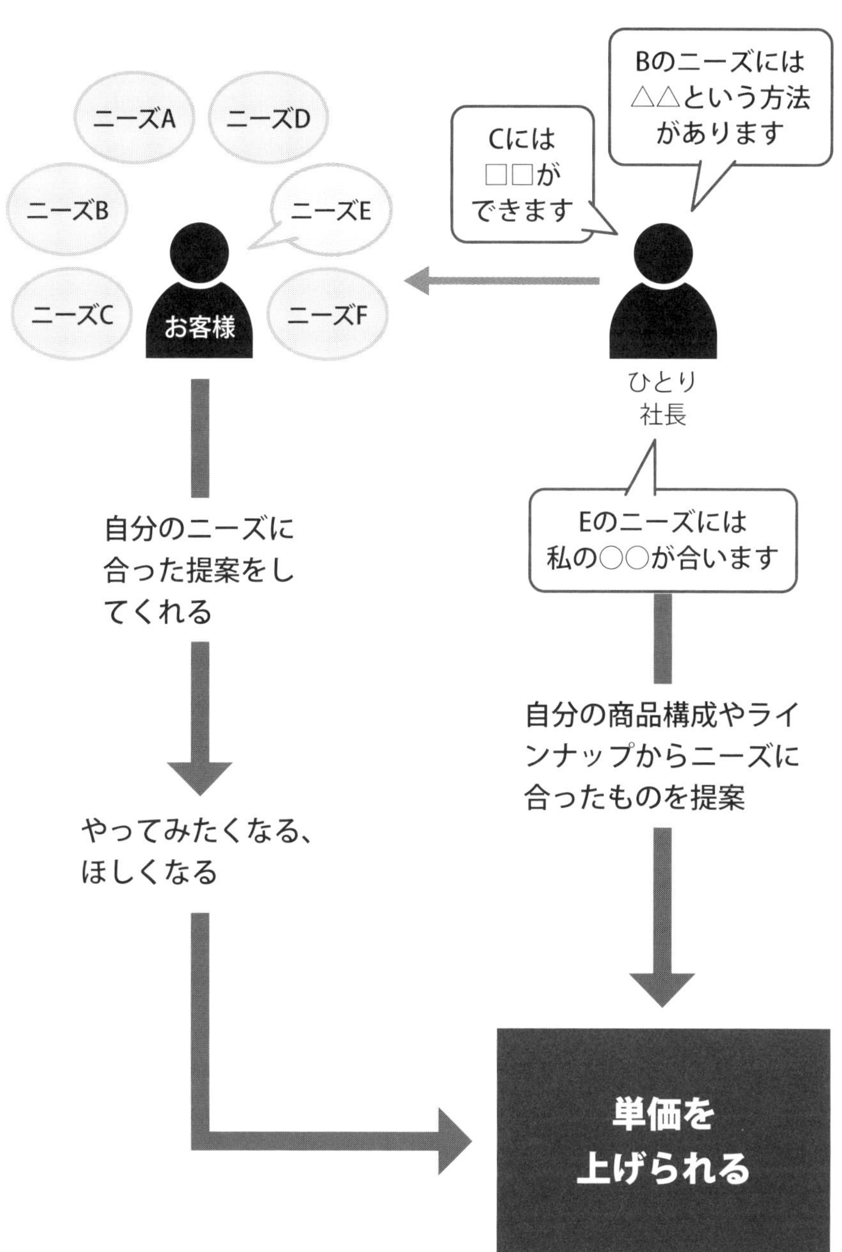
ニーズに合った提案はお客様にとって価値になる
ニーズA
ニーズD
ニーズB
ニーズE
ニーズC
ニーズF
お客様
Cには
□□が
できます
Bのニーズには
△△という方法
があります
ひとり
社長
Eのニーズには
私の○○が合います
自分のニーズに
合った提案をし
てくれる
やってみたくなる、
ほしくなる
自分の商品構成やライ
ンナップからニーズに
合ったものを提案
単価を
上げられる

信頼され単価を上げる実績の見せ方

―― 実績は数字にして見せる

ブランディングにおいて、あなたの提供する価値の根拠となる要素の1つが「実績」です。どのような経歴か、過去に何を行ったかも大切ですが、それ以上に大切なのが「どのようなお客様に、どのような結果を提供できたか」です。実績は主にホームページやパンフレットに載せます。

その際は、「お客様の会社の経営を安定させた」と書くだけでなく、できるだけその結果を数字にして表しましょう。安定という漠然とした結果ではなく、どのように安定させたのかを誰でもわかるように伝えます。

例えば、コンサルタントの実績として「売上を200%アップした」「社員の定着率を50%→80%に上げた」「新規顧客獲得を月平均5件から15件にした」「新しい企業理念とクレドを作成した」というようなひと目見てわかる結果を示します。なお、クレドとは企業の行動指針等のことです。

これらを、どのようなお客様に提供したかを示します。例えば、「価格競争に悩んで単価が下がっている○○業界の企業」というように。その時のお客様のニーズを明確に示すことで、これらを見た人が自分のニーズと照らして考えることができます。

―― 行ったことはできるだけ具体的に示す

さらに、その実績を実現させた際に「何をやったか」を示します。「オンラインでの個別コンサルティング」「クロージング研修」などの具体的な内容を伝えます。**具体的に示すことによって「ウチにもこれと同じことをやってほしい」と依頼しやすくなるメリットもあります。**

中には、起業したてで実績があまりない方もいるかもしれません。その場合は、1件のお客様の実績を分けて見せるというやり方もあります。

最初の実績は小さくて構いません。まずは「売上アップ10%」や「給料計算システム導入で5%効率アップ」というような小さな実績をつくっていきます。94ページで述べた見込客を集める商品では、成果は小さくても数多くの実績になるので、これを活用するのも1つの方法です。

単価を上げるには通常の実績紹介では足りない

●普通の実績紹介

＜実績紹介＞

印刷会社のコンサルティング

内容：新規サービス開発　人材育成

← 表面的な紹介のみ

対象のお客様や提供価値、利用した結果をイメージ

●単価を上げられる実績紹介

＜実績紹介＞

印刷会社のコンサルティング

市場の衰退と縮小で顧客減と価格競争に悩んでいる50名規模の中小印刷会社

→ **どのようなお客様に対してか**
抱えている象徴的なニーズを示し、自分に合っていると認識させる

内容：新規サービス開発　人材育成

現在ある技術を使い新サービスを開発、市場の転換をはかる
自分の指導のもと、社員たちで新規サービスの開発を行い、展開することで人材育成も同時に行う

→ **何をやったか**
提供方法や、他とは違う独自性を伝える

結果：1年で新規サービスの売上が既存事業の売上の50%に達する

社員の離職率の低下（年間○人）
生産性が向上（残業が○%減少）

→ **どのような結果を提供できたか**
成果を伝え、信頼性を高める
できるだけ数字や行動を示して具体性を高める

見た人が、ニーズと実績の関連を認識し、信頼感や提供価値の根拠となる

お客様

お客様を教育して成長してもらう

―― あなたの必要性をわかってもらう

あなたのことを「必要な人だ」と思ってもらえるように、お客様に成長してもらうこともブランディングの一環です。

これは商品・サービスの特徴をアピールするのではなく、**お客様のニーズ（困りごと）を顕在化させることで、必要性を認識してもらう**のです。

SNSやネットへの広告、あるいは対面のやりとり等で「このようなことに困っていませんか？」「こうなりたくありませんか？」と問いかけます。

「社員が定着しないというお悩みはありませんか？」（コンサル）

「もしご主人が病気で働けなくなったら困りませんか？」（保険）

「毎月の営業コストを20%削減できたらよいと思いませんか？」（コンサル）

「ママ友に差をつけたいと思いませんか？」（エステ・美容）

というように、あなたのできることで、誰かのニーズ（困りごと）を改めて認識してもらうようにします。

―― 必要性を認識すると見込客に変わる

お客様が「その通りだな」「そうなりたいな」と思ってくれれば、そのニーズを解決する必要性を認識できたことになります。つまり、あなたの見込客に成長してくれたことになります。

既存のお客様には、より深いレベルでの提案をすることができます。

「誰にも言っていないのですが、特別に○△の商品（サービス）を提供することができます」など、お客様自身が気づいていない、深いニーズをお伝えし、自分だけに提供してくれるという優越感を与えることで、リピートしてもらうのです。

必要性を認識してもらうためには、あなたが提供できるビジネスがお客様のニーズを解決した結果にフォーカスすることが大切です。あなたの想定するお客様像がどのような結果を求めているかを把握し、そこを解決できるんですよ、と伝えて気づいてもらうのです。

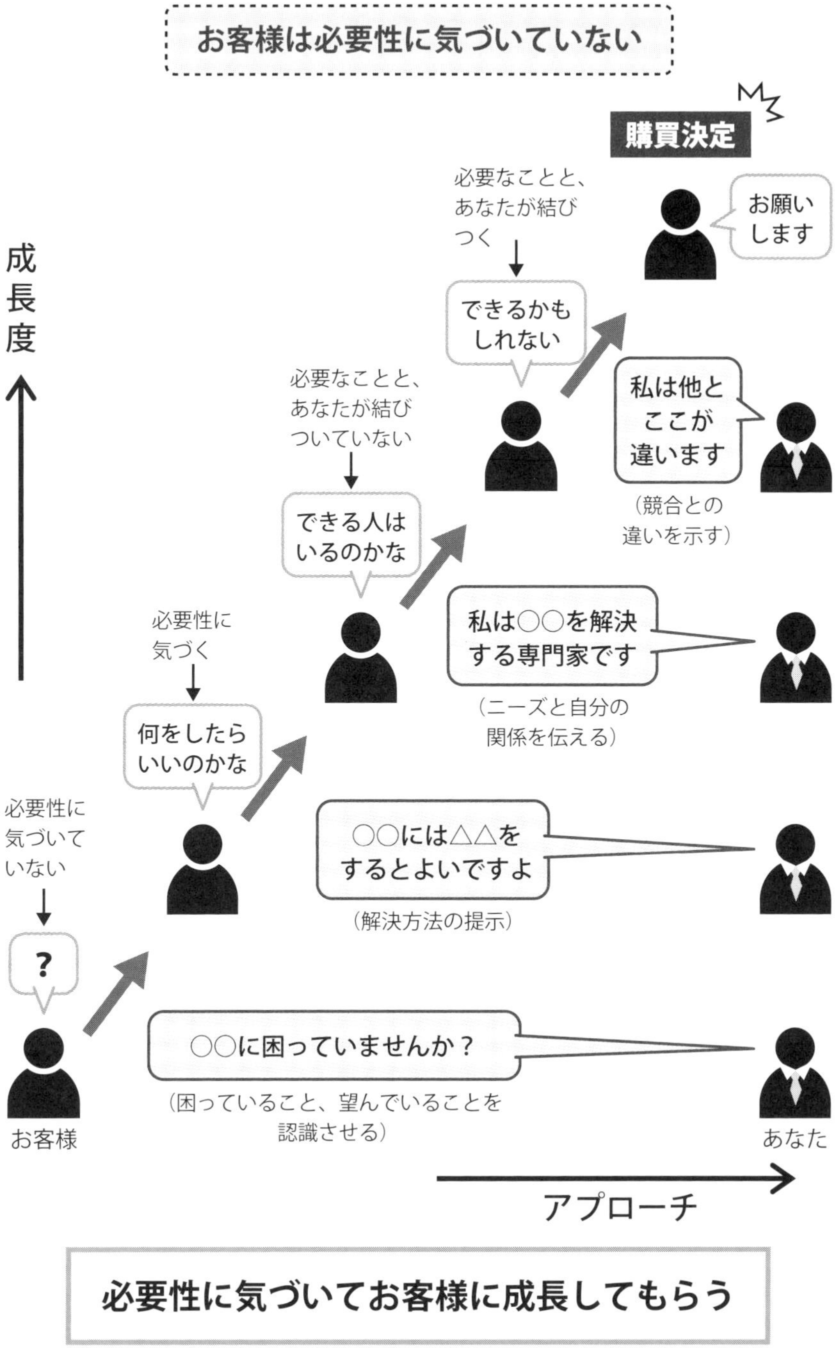

お客様は必要性に気づいていない

購買決定

必要なことと、あなたが結びつく

お願いします

成長度

できるかもしれない

私は他とここが違います

（競合との違いを示す）

必要なことと、あなたが結びついていない

できる人はいるのかな

私は○○を解決する専門家です

（ニーズと自分の関係を伝える）

必要性に気づく

何をしたらいいのかな

必要性に気づいていない

?

○○には△△をするとよいですよ

（解決方法の提示）

○○に困っていませんか？

（困っていること、望んでいることを認識させる）

お客様

あなた

アプローチ

必要性に気づいてお客様に成長してもらう

価格を上げるために比較対象を変える

―― 同業他社と比較してはいけない

何かを買う時には、類似の商品・サービスと比較検討をしますよね。その比較ポイントが価格だとすると、単価を上げていきたいブランディングでは困ります。そこで、あなたのほうから比較材料を提示するようにします。

ここで比較する際は、同業他社である直接競合の商品・サービスを出してはいけません。仮に総合的に見てあなたの商品・サービスのほうが優れていたとしても、やはり同業他社なのでお客様は同じようなものとして見ます。そうなると、どうしても価格が大きな判断材料となってしまいます。

そこで、**同じ結果を提供するけれどアプローチが違う間接競合や、それに近い業者・業種を示して比較する**のです。

―― 比較のしかたを工夫する

会社や事業案内のパンフレットやホームページの企画制作を請け負うひとり社長がいました。彼は、同業の制作会社と比較するのではなく、「優秀な営業マンを1人雇うこと」と比べたのです。

営業マンと比べると、「24時間働ける」「人から人へ伝達し（渡し）やすい」「更新（教育）が容易」「不平不満を言わない」などと、優位な点を明確に伝えることができます。

また、費用面では、導入時の制作費は多くても、毎月かかる人件費と比べると長期的に見れば効率のよい投資として判断してもらえます。この比較は、「新規顧客を獲得する手段」という視点から考えたからこそできたのです。

比較する業種業態が見つからない場合、あなたに依頼せずに、お客様自身が自分で行ったらどうなるか、というように考えてみてください。ダイエットや運動もネット動画を見れば自分でできます。ですが、お客様が自分自身でやる手間や時間などのコストと、あなたに依頼した際のメリットやその後の結果の違いなど、より優位な点を伝えるようにしましょう。

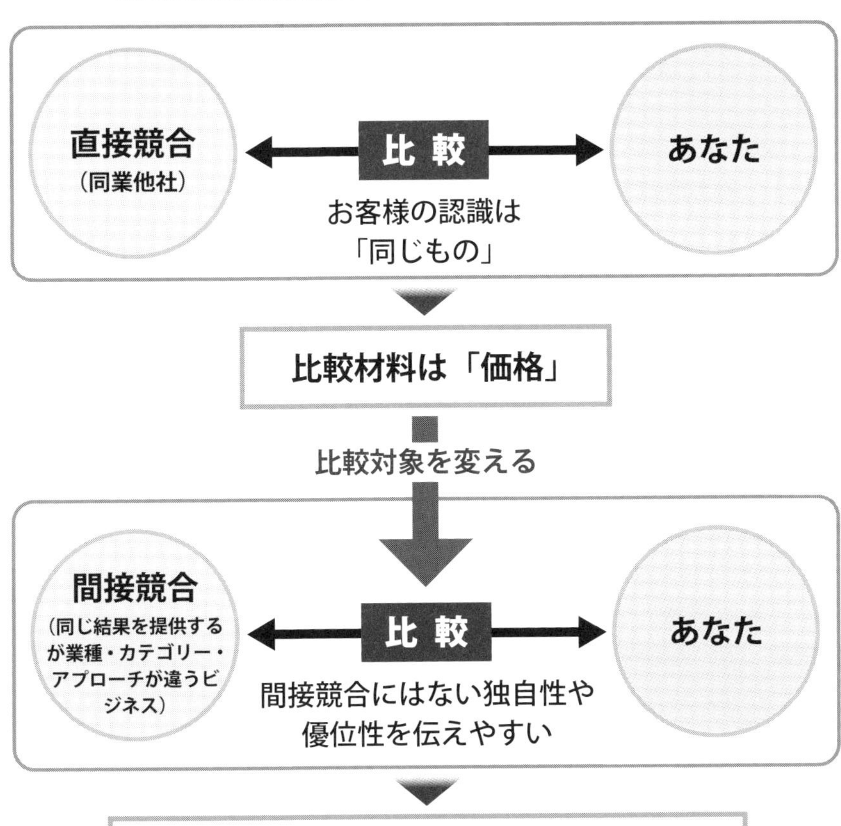
あなたと直接競合だけが候補なのではない
直接競合
（同業他社）
比 較
あなた
お客様の認識は
「同じもの」
比較材料は「価格」
比較対象を変える
間接競合
（同じ結果を提供するが業種・カテゴリー・アプローチが違うビジネス）
比 較
あなた
間接競合にはない独自性や
優位性を伝えやすい
間接競合にはない優位性をアピール
単価が高くても価格差を感じにくい

例えば…

- 税理士 → 経営コンサルなどと比較して公的なことに対応できる
- ファイナンシャルプランナー → 保険ショップなどと比較して資産形成などのマネープランを提供できる
- エステ → ジムやパーソナルトレーナーなどと比較して楽にやせられることや継続のしやすさ
- Webデザイナー → SEO業者などと比較して会社のイメージアップや社内のモチベーションアップ

07 既存客の価格を上げる付加価値のつけ方

―― 新パッケージで単価を上げる

新規のお客様の単価アップは、初めて見るあなたの価値に納得してもらえばよいので、ある意味簡単です。どちらかというと、既存客の単価を上げていきたいところですが、既存客に対して、いきなり価格を上げるのは不安に感じることでしょう。

そこで、**あなたの商品・サービスに付加的なサービスを組み合わせて新たなパッケージを利用してもらう**ようにします。例えば、あなたが広告や販促物のデザインを提供していたとしたら、その広告や販促物を活用した販促全体の計画案を含めたパッケージ等を開発するのです。

また、コンサルティングでは、戦略立案だけでなく、それを実行するための人材育成を組み合わせることも可能です。士業でも、経営相談を行ったり、経理部門の強化講座を顧問契約の中に加えることもできます。

継続している既存客（リピーター）であれば、ある程度の信頼関係ができています。新たなパッケージ商品がもたらす価値を伝えるのはそれほど難しくありません。

―― ダメージを受けない値上げの方法

単価を上げると契約を切られてしまうのではないかと不安であれば、新しいサービスを期限を決めて今まで通りの価格で提供しましょう。単純な値下げは避けるべきですが、明確な理由があれば行っても構いません。今まで利用していただいた感謝として価格据え置きで提供するのであれば、あなたが安易に値下げをする人という印象は持たれません。

また、新規客が多く来ていることを見せるのも効果的です。新規客が順番待ちをしている状況であれば、既存客は単価が上がるのも仕方がないという気持ちになります。一度あなたから離れてしまい、やっぱりもう一度お願いしたいとなっても、順番待ちになってしまうからです。

ここでは、ひとり社長で、すぐに商品構成を変えられるメリットを最大限に活用しましょう。

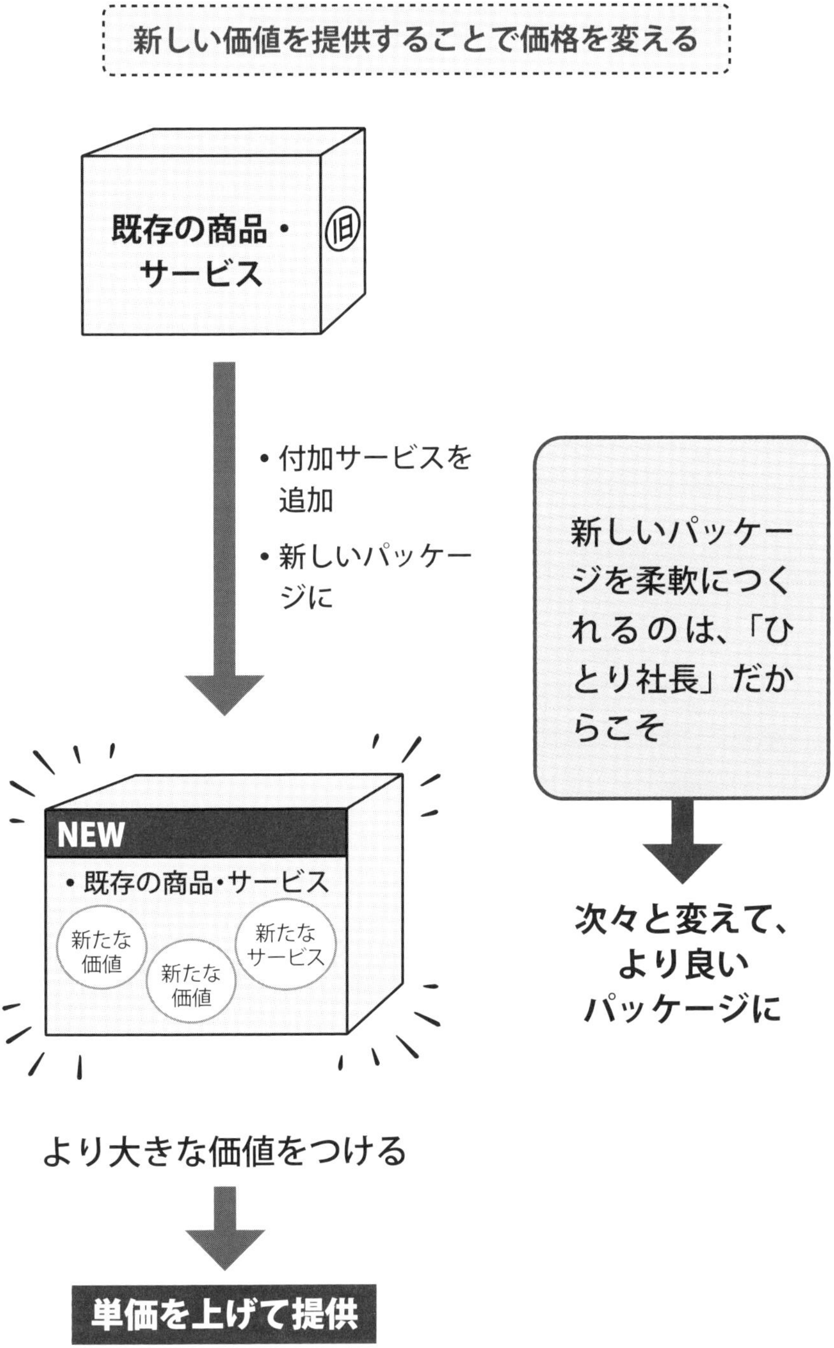

新しい価値を提供することで価格を変える

既存の商品・サービス　旧

・付加サービスを追加
・新しいパッケージに

NEW
・既存の商品・サービス
新たな価値
新たな価値
新たなサービス

より大きな価値をつける

単価を上げて提供

新しいパッケージを柔軟につくれるのは、「ひとり社長」だからこそ

次々と変えて、より良いパッケージに

期待を小さく超え続けてファンになってもらう

―― **大きな期待に応えようとしない**

お客様のニーズを満たす価値を提供し続けると、満足度を高めることになり、リピートや継続利用になったり、あなたのファンになってもらえます。そのため最初から大きく期待を超えよう、と思いがちですが、ひとり社長は規模も小さいので、一度に大きな満足を与えるのは難しいです。まずは超えやすい小さな期待に応えていきます。

例えばSNSやブログ、メルマガなどでお客様の小さなニーズを満たすお役立ち情報を発信することが小さな期待に応えることになります。

コーチングの先生で、コミュニケーションを円滑にする方法を継続的に発信している方がいます。見る人は軽い気持ちで、何かちょっとしたコミュニケーションの知識がほしいな、くらいの期待でそれを見ています。そこでは相手を褒めることによって発言を引き出す、という簡単なスキルを伝え続けています。これらの発信に満足してもらったということは、小さくですが期待を超えたことになります。

コンサルタントであれば売上を伸ばす秘訣、税理士ならば経費を削減する簡単なやり方、エステであれば自分でできる美容法、レストランならちょい足しの調理法などの豆知識を伝えます。最近はYouTubeなどの動画もあり、こうした小さな知識を発信しやすくなりました。

―― **小さく期待を超え続けることで信頼が生まれる**

小さな期待値を超え続けると、あなたはお客様にとって役に立つ存在として認識され、信頼感が生まれます。

そこで次の段階のホームページや対面などでも、あなたの商品・サービスについて信頼感を持ってもらえるようになります。つまり、より高額なものを提供しやすくなるのです。

まずは、あなたの専門性の中から素人でも簡単に実践できることを何か探してみてください。**あなたにとっては些細なことでも、知識のない素人にとっては大きな価値となることが必ずある**はずです。

一度に大きな期待に応えようとしない

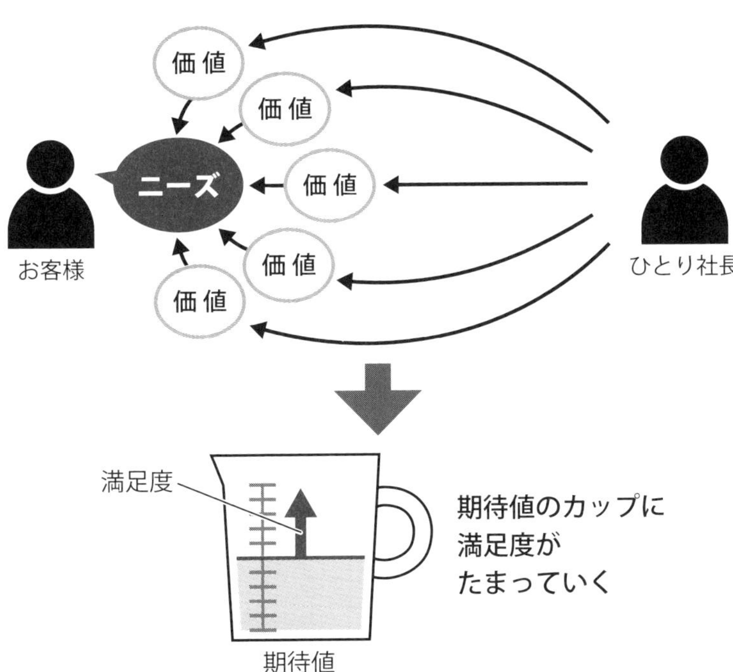

回数やインパクトで
お客様の期待値を満足させる

小さな期待に何度も応える！

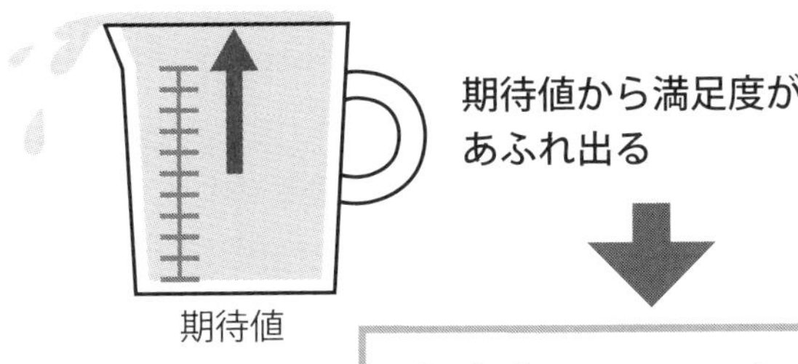

あなたのファンになる

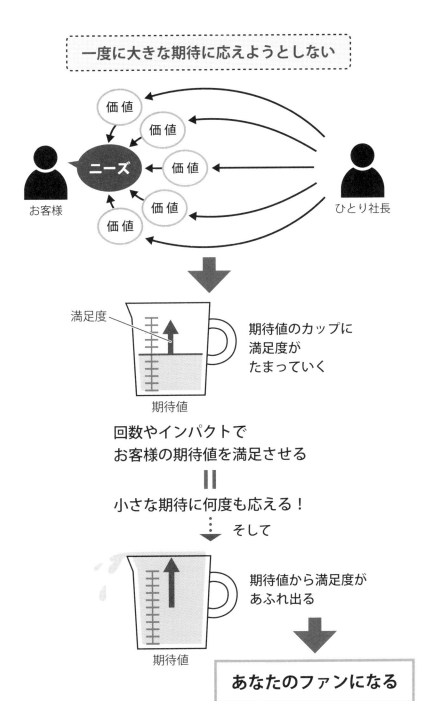

09 売り込まないから高くてもファンになる

── 実は商品を売る前が大事

ひとり社長のブランディングは、いかに多くの人にファンになってもらえるかが成功のポイントです。

ファンになってもらうためには、あなたの提供する商品・サービスの満足度を高めたり、利用後のアフターフォローを充実させたり、価格で費用対効果を感じてもらうなどの方法があります。

実はそれだけでなく、**お客様があなたを利用する前に、どのような対応を受けていたかによって、ファンになるかどうかが決まる**のです。

商品・サービスの利用前にあなたを信頼していたり、良い印象を持っていれば、あなたのファンになる心の準備ができていることになります。そこからお客様の期待通り、さらには期待以上のことを提供できれば、前段階の印象がアドバンテージになってファンになってくれるのです。

── 売り込まないことが最大の営業戦略

利用前の対応で大事なのは、「売り込まない」ことです。

相手の悩みがあれば話を聴いてあげる、無料で商品・サービス以外の何かを提供する、プロしか知り得ない貴重な情報を提供する、業務に役立つミニ知識を教える…などの対応をします。そのうえで、いつまでたっても利用や購買の提案をしない。つまりあなたは、売ることに対して「何もしない」ことが大切なのです。

ある営業マンは、相手が契約の意思表示をする前に、とにかく話を聴いてくれます。本来の自分の商品のことではなく、相手が知りたいビジネスの情報もその人が調べて教えてくれるのです。それによって「この人は良い人だ」「頼りになる人だ」という感情を持ちます。すると、自分からその人の商品について質問するようになります。そうなると、商品の契約前に早くもあなたのファンになっているのです。

前項で述べた、SNSなどで有用な情報を提供するのも、ファンになってもらうために有効な方法です。

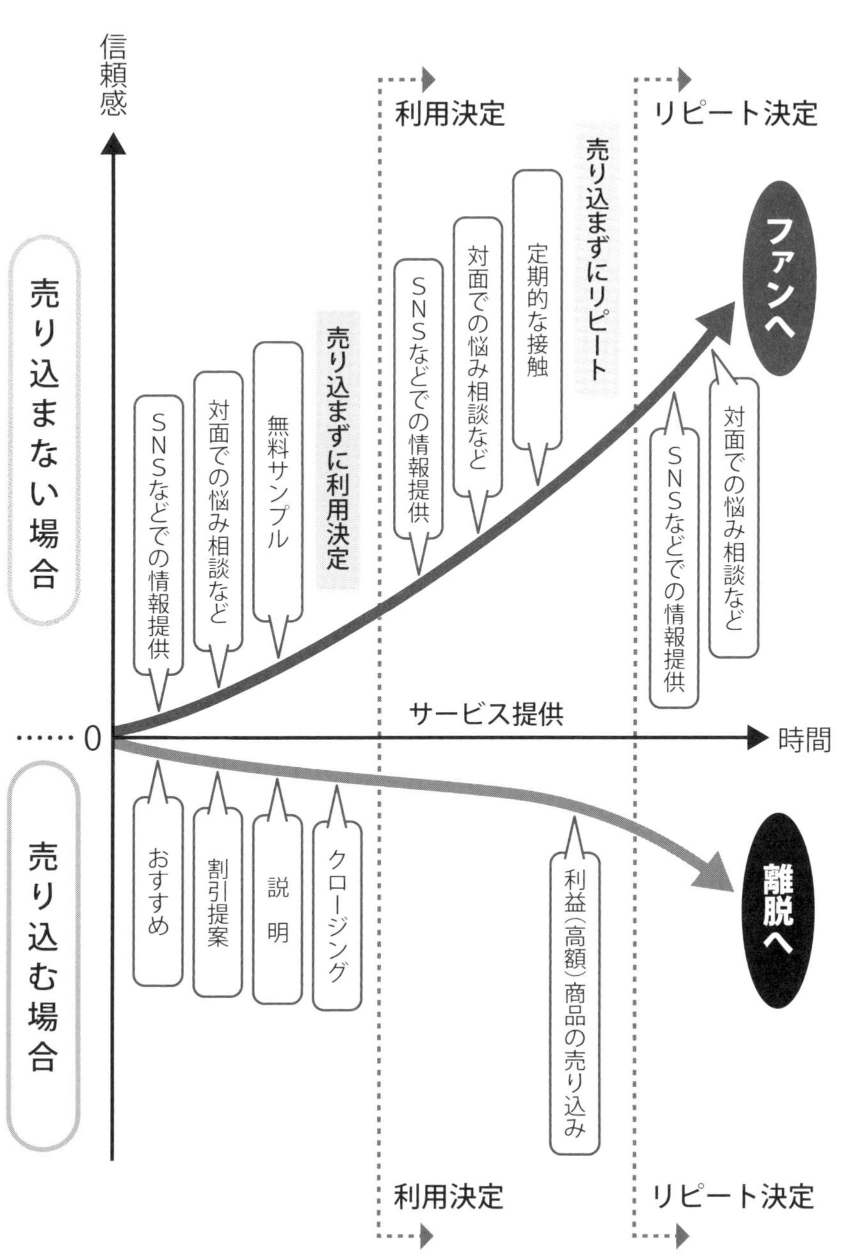
利用する前の対応が大事
信頼感
利用決定
リピート決定
売り込まない場合
SNSなどでの情報提供
対面での悩み相談など
無料サンプル
売り込まずに利用決定
SNSなどでの情報提供
対面での悩み相談など
定期的な接触
売り込まずにリピート
ファンへ
SNSなどでの情報提供
対面での悩み相談など
サービス提供
0
時間
売り込む場合
おすすめ
割引提案
説明
クロージング
利益（高額）商品の売り込み
離脱へ
利用決定
リピート決定

「自分のためのもの」と思われるには

―― 最初の接触でのキャッチコピーとデザインが最重要

ブランディングでは、お客様が最初にあなたに接触した際に「興味を持ってもらう」必要があります。興味を持たれるとは、相手が「自分のためのもの」と思ったり、「自分のニーズを解決してくれそう」と感じるということです。

そのためには、ホームページやSNS、ブログ、広告、チラシ等で、あなたの価値について強い印象を与えなければなりません。そこで、以下の2つが非常に大事です。

◎キャッチコピー

キャッチコピーは、ホームページ、チラシ、パンフレット、DM、ブログやメルマガのタイトルに使われることが多く、ほとんどの広告・販促物の冒頭に書かれている文言です。ブランディングでは、インパクトが強いとか、美しい言葉である必要はありません。目的は読み手の心をつかみ、さらにホームページや広告など販促物の先を見てもらうためです。

ブランディングのコンセプト（46ページ）をアレンジしてもよいですし、理念を表したスローガンもキャッチコピーと同様に使われる場合もあります。キャッチコピーについては、152ページ（第６章）でも詳しく解説しています。

◎デザイン

キャッチコピーは文字なので頭で理解する必要があります。しかし、デザインは視覚から脳に直接送り込まれるので、とても重要です。デザインは、まずは色やフォント（文字書体）、一番目立たせたいメインの写真などを考えます。

色やフォントはあなたがお客様に持ってもらいたい印象から選んでいき、すべての広告・販促物などで同じものを使います。

メインに使う写真も同様で、写真が使える広告や販促物では同じ写真を使うことで、統一感のある印象を残すことができます。

最初の接触で自分との関連を認識させる

「自分のためのもの」と
思わせるには

キャッチ
コピー

＋

デザイン

・ホームページ
・チラシ
・パンフレット
・DM

・イメージカラー
・フォント（文字書体）
・ロゴ
・写真

この２つを組み合わせて直観的、
論理的に「自分のニーズを満たし
てくれる」と感じてもらう

11 「お客様の声」も ブランディングの一環

―― 利用の不安を消してくれる最も効果的なPR策

第４章（96ページ）で、何かを買ったり利用したりする際は「本当に大丈夫なのか？」という不安が生じると述べました。本人は意識していなくても無意識に感じています。こうした不安を解消するために「お客様の声」を活用します。商品・サービスを利用していただいたお客様には、必ず感想をもらうようにしてください。

そもそもブランディングでは、あなたの商品・サービスが役に立つことをアピールしますが、「それって自分で言っているだけでしょ？」と思う人もいます。**「お客様の声」はあなたが信頼できる存在であることを第三者が代わりに伝えてくれる**、最も効果的なPR法なのです。

―― 安心感を引き出す質問を

感想をいただく際には、単に「ご利用された感想はどうでしたか？」と漠然と聞くのではなく、もっと具体的な質問を用意しましょう。

「ご利用前の不安は、どのようなものがありましたか？」

どのようなニーズで利用したか、あなたに対してどのような不安があったかがわかります。それでも利用してくれたということは、あなたに対する不安がなくなったという証拠です。その安心感を伝えることができます。

「ご利用してみて、どうなりましたか？」

ニーズが解決しただけでなく、その後にどんな具体的な結果が待っていたかを明確にすることができます。

「最後に一言、お願いいたします」

この質問に対してお礼をいただいたり、お褒めの言葉があることで、あなたは応援されている存在だと認識してもらうことができます。

大切なのは口頭で答えてもらうのではなく、実際にアンケートシートやフォームなどを用意して書き込んでもらうことです。ホームページ等に記入してもらったそのままの声を掲載することで、安心感が増します。また、可能な限り本名で掲載できるように許可をいただくようにしましょう。

「お客様の声」アンケートの例

●ご利用前の不安は、どのようなものがありましたか？
（同様の不安を抱えている人への安心感を与える要素となる）

●ご利用してみて、どうなりましたか？　どのような変化がありましたか？
（得られる結果を明確にして、信頼できる要素として使う）

●○○（あなた）を選んだ理由は何ですか？
（競合との違いを他者視点で確認できるのでアピールに使える）

●どこで知りましたか？
（今後の販促展開の参考に
自由な記入ではなく、選択肢を用意してチェック方式にするのがおすすめ）

●最後に一言、お願いします！
（自由に記入してもらい、感謝されている存在であることをアピールしたり、今後のブランディング活動の参考にする）

お客様の声として活用するほか、自分の商品・サービス、販促活動の改善にもつなげる

自然に購入の背中を押す方法

── 締め切りを設定する

あなたの商品・サービスに興味を持ち、利用してもいいかな、という気持ちになったお客様に対して、背中を押してあげる方法があります。人間は感情でモノを買う生き物です。「買いたい」という感情に訴えかけることで、売り込まなくても購入を決めてもらうことができます。

まず、人は締め切りがあると行動をするようになります。そこで、「来週中までお返事をお待ちしております」とか、「このパッケージは○月いっぱいまでです」とお伝えすると、締め切りが発生することになり、買う買わないはさておき、行動してくれるようになります。

あるファストフードチェーンは、決まった季節になると期間限定のメニューが登場します。その期間しか食べられないという思いが余計にそれを買いたくなるのです。

また、**希少感や限定感をあおられると感情的に行動を起こしやすくなります**。あるコンサルタントは「コンサルを受けられるのは月に６社まで」としています。「顧問契約は10社まで」としている、ひとり士業もいます。飲食店でも、あるメニューだけは「１日限定５食まで」とすることで、単価が高くても多くの注文が入るようになります。

── 次の行動を文字で示してあげる

お客様を迷わせないために次に何をすべきかをはっきりと伝えることも、行動を起こすきっかけになります。

これはホームページやDMなどの広告・販促物で特に有効です。例えば、リンクのURLやクリックボタンを置いておくだけでなく、「こちらをクリックしてください」「お問い合わせはこちら」など、次にするべき行動を文字で伝えるのです。

「お気軽にお問い合わせください」「24時間受付いたします」などと入れるのもよいでしょう。お客様が行動しやすくなるような言葉がけをすることで、背中を押してあげるのです。

最後の決め手を準備しておく

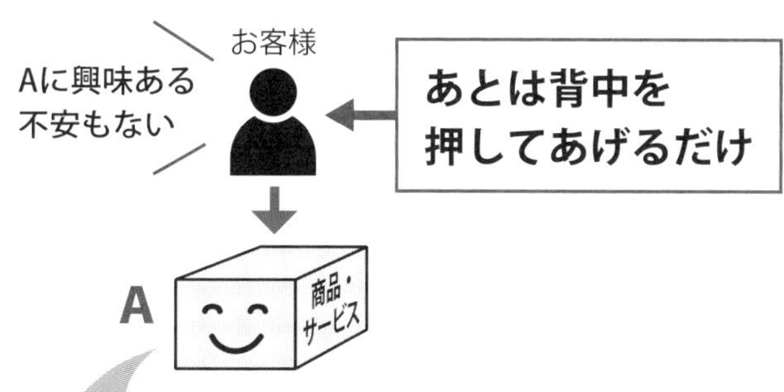
お客様
Aに興味ある
不安もない
あとは背中を
押してあげるだけ
A
商品・
サービス

こんなものがありますよ

希少性・限定感

限定○名、先着○名、
○月○日まで

人は希少性や限定感をあおられると正常な判断がしにくくなる

特典

購入者に○○を
おつけします！

お得感を増幅させる

挨拶文・次の行動を伝える

お気軽にお問い合わせください
続きはホームページへ

背中を押す文言を入れる
何をすべきか明示することで行動しやすくなる

検索ワード、QRコード

ホームページは「○○」で検索

次の行動を促しやすい環境をつくってあげる
また次の接触機会があることを直感的に伝える
次の誘導先があるという「仕組み」が前提

**理論で説得するのではなく、
相手が動くための些細なきっかけをつくってあげる**

13 高いからこそ価値を認識してもらえる

―― 提供した結果や喜びを基準に値決めする

価格を上げると「お客様が来てくれないのでは…、買ってくれないのでは…」という不安がつきまといます。しかし、人間には「高いものイコール良いもの」という心理があります。

『影響力の武器』（ロバート・B・チャルディーニ、誠信書房）という本には、全然売れなかった宝石が、価格を２倍にしたところ売り切れてしまった話があります。払った金額に見合うものが手に入る（高いもの＝良いもの）という思いは、多くの人が潜在的に持っている感覚です。特に**お客様が価値を判断しにくいものは、価格が判断基準になります**。

高い価格をつけるには、競合の価格を参考にしてはいけません（122ページも参照）。その価格に引っ張られて「あまり高い価格にすると…」と躊躇してしまうからです。しかも競合の価格は様々で、高いところもあれば、驚くほど安いところもあります。競合ではなく、お客様に提供する結果や喜びの感情から価格を決めていきます。

―― 思い切って値上げすると結果が変わる

世の中には、企業のロゴを１万円程度でデザインしているところがあります。そこで、あるデザイナーは、サービス自体は今までと同じで30万円という価格を設定しました。価格設定の理由として「理想の企業イメージを形にする」ことや「社員のモチベーションが上がる」こと、それが実現できる理由をお客様の声や実績などを基に伝えていったのです。

それらの内容に納得してもらうことで、逆に30万円が信頼となりました。そして高くても選ばれる結果になったのです。

もしあなたが価格競争や値引き要求で困っていたら、新しいお客様を見つけるために思い切って価格を上げてしまいましょう。既存の商品・サービスをいきなり値上げできないなら、124ページで述べたようにパッケージ化して新商品として価格をつけ直す方法があります。

価格の高さは信頼感を上げるのです。

価格の高さは自信と価値の高さになる

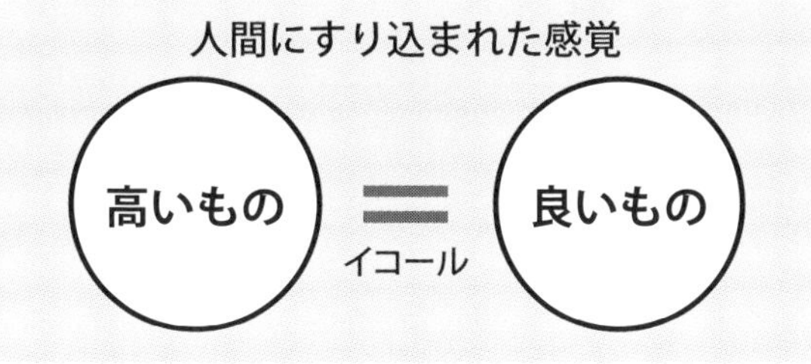

価格は信頼につながる自信の表れ

競合を見てしまうと安くしがち

価格は自分の提供価値から考える

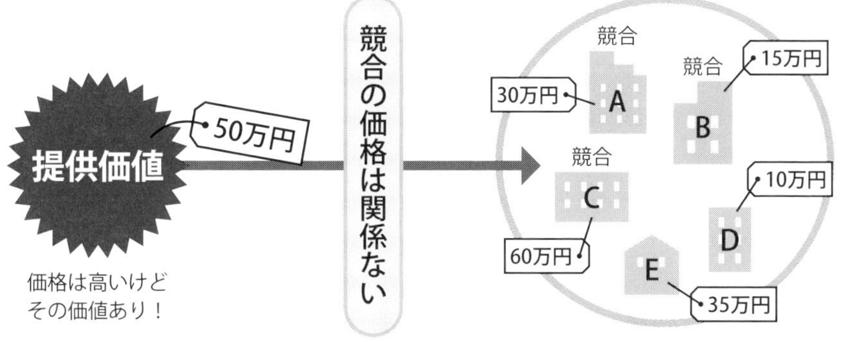

競合は商品・サービスを売っている
あなたはお客様の求める価値を売っている

価格ではなく価値で選んでくれる
優良顧客の獲得へ

14 最初に高いものを見せると安く感じる

――メインの商品より高い商品を必ず設定する

ブランディングは高い価格でも買ってもらえるようになるために行いますが、価格を高くすると、お客様には負担に感じられます。この感覚は、もっと高い商品ラインを設定することで解消させられます。

人は最初に大きな負担を感じると、それより小さな負担は実際より軽く感じます。これは「コントラスト効果」といわれる心理法則の一種です。ある依頼を受けてほしいと思ったら、**これはダメだろうというハードルの高い依頼を先に提示する**のです。その後に、本来受けてほしい依頼をするとOKになる可能性が高くなります。

例えば、最も利用してもらいたいサービスが定期の営業人材育成コンサルプランで、価格は月20万円の12か月契約だとします。しかし、いきなりこのプランを出すのではなく、企業の戦略構築から人材育成とマネジメント、販促・営業プラン策定で500万円のパッケージを先に提示します。

このプランが採用されることは滅多にないでしょう。そこで次に本丸の12か月契約を提示します。最初に負担の大きいプランを見たことで、それが安く感じられ、選ばれやすくなるのです。ポイントは、最初に提示する負担の大きなプランを、売り込むのではなく「こういう商品もあります」と紹介するだけにすることです。

――「松竹梅」方式も効果的

日本には古くから「松竹梅」（一般的に高い、中位、安い）という打ち出し方があります。一番売れるのは真ん中の「竹」です。松は負担が大きく、梅は見栄もあって選びずらいことから竹を選ぶ人が多いのです。

そこで、あなたの商品・サービスを３タイプに分けて、最も利用してもらいたいものを真ん中にします。高額な「いつでも訪問プラン」、利用してほしい「月１訪問プラン」、格安な「単発オンライン相談プラン」などとしておきましょう。松竹梅は飲食店などでよくありますが、このようにサービスや物販などのパッケージでも応用可能です。

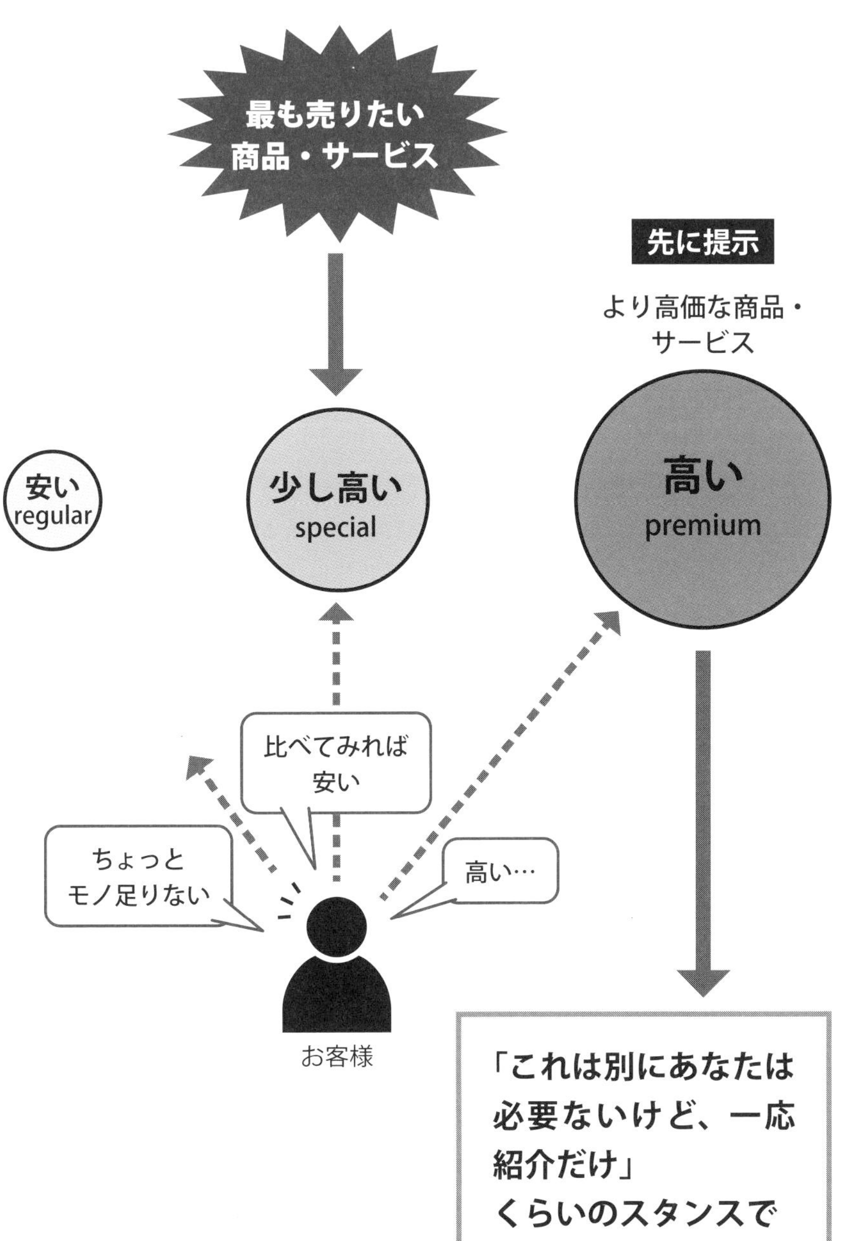
松竹梅効果で高いものを安く見せる
最も売りたい
商品・サービス
先に提示
より高価な商品・
サービス
安い
regular
少し高い
special
高い
premium
比べてみれば
安い
ちょっと
モノ足りない
高い…
お客様
「これは別にあなたは
必要ないけど、一応
紹介だけ」
くらいのスタンスで

15 欠点を伝えることで信頼をつくれる

―― 些細な欠点は積極的に伝える

ブランディングでは自分の商品・サービスの弱み＝欠点を把握しておくことが大切です。欠点は、商品を利用してもらえば、いずれ知られることになります。あとからお客様が気づいてしまうと大きな不満となり、その後のリピートやファン化に影響します。

しかし、**事前に欠点を伝えておくだけで、あなたは信頼されるばかりか、それを欠点と思わず、提供する価値を強く認識してもらうことができます。**

積極的に伝えるべき欠点は、２種類あります。

１つはお客様にとって大したことではない内容です。例えば「私は１人でやっているので、電話にすぐに出られないことがあります」というようなものです。こんな欠点を伝えても、お客様は何とも思わないかもしれませんが、事前に伝えてくれたことで信頼へとつながります。

自分で欠点だと思っていることで、些細なものをお客様の視点になって探し、それを事前の接触時や対面時にお伝えしましょう。

―― 大きな負担になる欠点は価値として伝える

もう１つは、お客様にとって負担になるような欠点です。コンサルティングを提供する際に「私のコンサルティングは社員の選抜メンバーと一緒にやってもらいます。私が指示をしながら自分たちで戦略を構築していくのです。セッション時の２～３時間、メンバーは通常の業務から外れてもらうことになります。他社のコンサルティングは経営者や社員へのヒアリングのみで戦略の書類を何百ページにもわたって作成するだけですが、私の場合は違います」というように伝えます。これは社員の時間を使うので大きな負担となります。しかし、こう伝えることで「私のコンサルティングは人材育成もできる」という価値を強く認識してもらえるようになるのです。

物事には必ず理由があり、自分では欠点と思えることでも、あなたの価値の理由や根拠の１つとして伝えることができるのです。

伝えるべき欠点は２種類

❶ 相手にとって些細なこと

- １人なので、すぐに電話に出られない
- 請求書類は郵送でなくメールになる
- ちょっとしたことだが、できない機能がある

etc.

欠点とは思われないが、伝えることで信頼になる

❷ 相手の負担になること

- 社員の時間をとってしまう … 社員教育になる
- 操作に習熟する必要がある … 技術レベルが上がる
- 一定のお金がかかることがある … 提供する結果の質が上がる

etc.

相手の負担になる欠点は、相手にとってメリットとなる点を伝える

高い価値の根拠になる

Column

何でもいいから理由をつくる

「ビール飲んでいい？」「まだ昼間じゃないの！」

休日のお昼時、ファミリーレストランでの隣のテーブルの会話です。旦那さんが奥さんにビールの注文を求めていたのですが、残念ながら却下されていました。

でも、「今日は暑いから、ビール飲んでいい？」という言い方だったら、旦那さんがビールにありつける可能性がかなり高くなるのです。

人は何か理由があると、それを受け入れやすくなります。ここでは「暑いから」というのがそれです。論理的に説明できなくても、相手は因果関係があると無意識に判断してくれます。

そこで、単に「○○です」と言うよりも「〜〜だから○○です」と理由をこちらでつくってあげて伝えるのです。

これをブランディングや販促に使うことで成果を出しやすくなります。クリスマスやハロウィンなどで、様々なセールが行われます。これはお店側が、「クリスマスだから何かを買う」という理由を相手（お客様）につくってあげているのです。

例えば、人材育成のコンサルタントがお客様を目の前にして「人材育成が必要ですね」と言ったとしても、それだけでは相手は必要性を感じないでしょう。「説得」されたように感じて、「売り込み」だと思われるかもしれません。そこで、「こういう時代ですから人材育成が必要ですね」と言ったらどうでしょう。

「こういう時代」が理由になりますが、実はこれがどんな時代だろうが、どんな世の中の状況であっても構いません。「こういう時代」について、相手が無意識に「ああ、こんな時代だからね…」と思ってくれます。

この理由をつけるだけで、その人の中で「納得」をしてくれることになるのです。

ビジネスの現場では、相手に具体的に説明することも必要ですが、時には相手の心理や無意識を利用してぼやかすことも大切なのです。

第6章

ひとり社長ブランディングの自分戦略

01 アーンドメディアとしてのSNSは特に重要

―― ウェブメディアの活用は必須

ブランディング活動の一環として、ウェブ上の広告や販促媒体（メディア）を活用することは非常に大事です。マーケティングでは、「トリプルメディア」という３つのメディア視点があります。以下の３つのメディアの特徴に合わせて、ブランディングの仕組みに組み込んでいきます。

◎**オウンドメディア［owned media］**：オウンドは「所有する」という意味で、自分自身で完全にコントロールできる自社のホームページやECサイトなどのことです。自分で管理するので、自由に使えるメディアです。紙媒体でいうとパンフレットやチラシ、DMなどがこれにあたります。あなたがどのようなニーズを満たし、何を提供できるかといった自己の紹介と共に、購入や利用をうながす内容を掲載することができます。

◎**ペイドメディア［paid media］**：ペイドは「（お金を）払う」です。つまり、お金を払って使わせてもらう媒体です。SNS広告などのネット広告、新聞や雑誌広告、交通広告などがこれにあたります。不特定多数の人の目に触れるので、お客様との最初の接点として活用することができます。

ここでは自分の紹介などではなく、見た人に「自分のニーズに関係がある」と思ってもらうことが大切です。ネット広告は狙いたい人に対して表示させることができるので、予算があればぜひ使うようにしましょう。

◎**アーンドメディア［earned media］**：アーンドとは直訳すると「（収入などを）獲得する」という意味で、主にX（旧ツイッター）などのSNSやブログ等です。後述しますが、メディアを見た相手からの信頼感や親しみなどを得ることができるので、ひとり社長にとっては非常に大切です。このメディアの活用は、ブランディングにとってとても重要になります。

なお、他社や他者があなたのことを宣伝してくれる口コミ（X等）やレビューサイト（ブログ等）もアーンドメディアといいます。しかし、本書では、アーンドメディア（SNS）を自分の信頼感を獲得するためのメディアとして使っていきます。

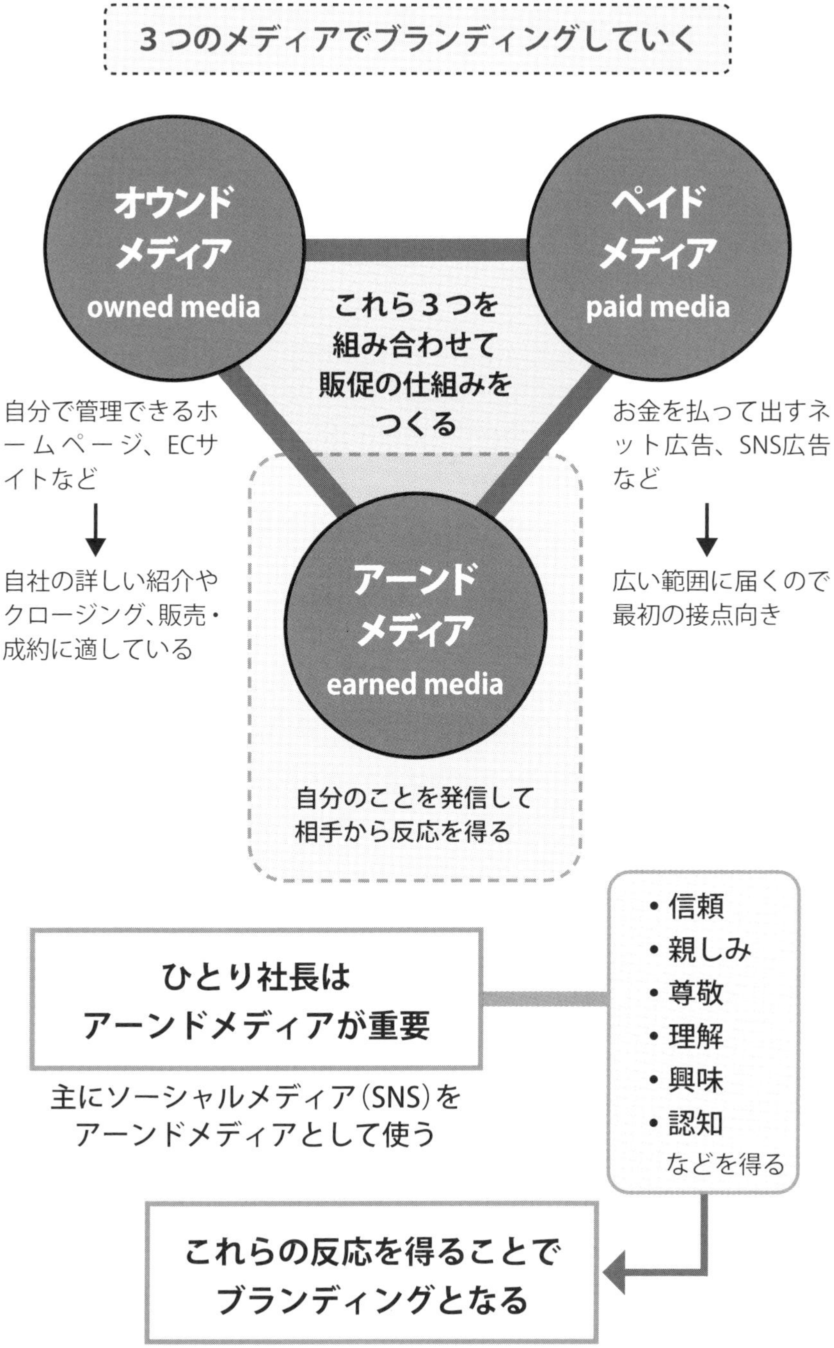

３つのメディアでブランディングしていく

オウンドメディア
owned media

ペイドメディア
paid media

これら３つを組み合わせて販促の仕組みをつくる

自分で管理できるホームページ、ECサイトなど
↓
自社の詳しい紹介やクロージング、販売・成約に適している

お金を払って出すネット広告、SNS広告など
↓
広い範囲に届くので最初の接点向き

アーンドメディア
earned media

自分のことを発信して相手から反応を得る

ひとり社長はアーンドメディアが重要

主にソーシャルメディア（SNS）をアーンドメディアとして使う

- 信頼
- 親しみ
- 尊敬
- 理解
- 興味
- 認知

などを得る

これらの反応を得ることでブランディングとなる

ひとり社長のメディア活用は自分が主役

—— 個人として個性を出すことできっかけになる

ひとり社長の強みの１つは、自分メディアをつくり出せる点で、メインになるのはアーンドメディアとしての「SNS」と「ブログ」です。ひとり社長が発信する媒体としてうってつけなのです。SNSやブログは、個人として、できるだけ個性を出しながら運用していくのがポイントです。

この２つのメディアは、予算をかけずに自分のビジネスを広範囲に伝えることが可能です。市場シェアは小さくとも、**大きな企業にはできないマメで丁寧な発信をすることで、新たなビジネスチャンスが生まれます。**

あなたの人柄を全面に出して親しみや信頼感を得たり、どんな仕事をしている何者なのかを簡潔に伝えることができ、お客様になる人たちとの最初の関係をつくるきっかけにすることができるのです。

—— ブログは記事をためておけるので専門性を伝えやすい

特にブログは、あなたの専門性をアピールしやすいメディアです。税理士であれば節税の豆知識、エステでは自分でできる美容法、ファイナンシャルプランナーであれば投資の考え方などを発信することができます。

また自分の仕事ぶりも詳しく伝えられます。セミナーを開催したのであれば、その模様や受講者の感想などを記事にすることで、同様のニーズを持つ人にあなたの活動に興味を持ってもらえます。

ブログは、アメーバブログやnoteなどの無料のものでも、WordPressなどを使って独自に開設しても構いません。SNSと違って記事を書きためておくことができ、あなたの専門分野や趣味、雑記などのカテゴリーを設定していれば、訪れた人はいつでも興味のある記事を読むことができます。またブログは検索から見られることも多く、何年も前に書いた記事が検索されて読まれることは、よくあることです。

ブログを何度も見てくれる人にとって、あなたは特定のニーズを解決してくれる人という認識になります。ということは、より強い見込客となってくれるということです。

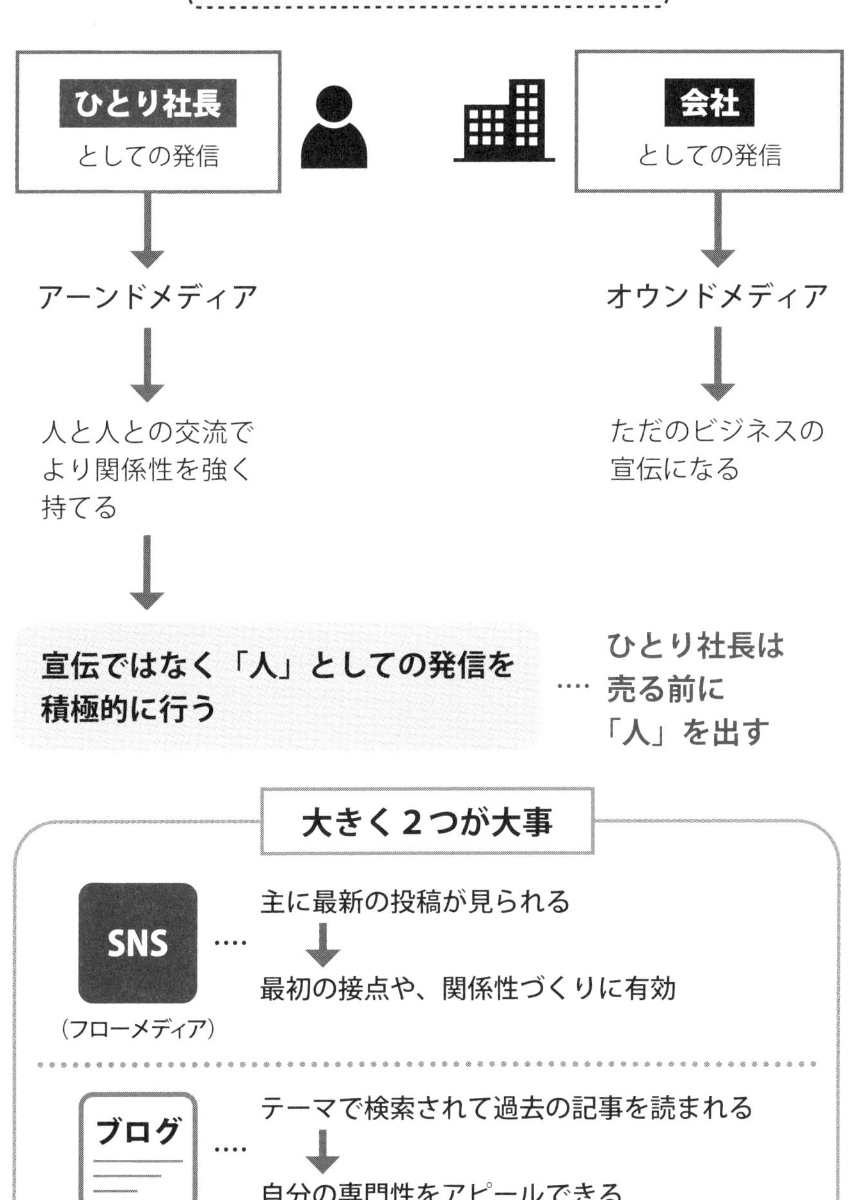
個人での発信が信頼感をつくる
ひとり社長
としての発信
会社
としての発信
アーンドメディア
オウンドメディア
人と人との交流で
より関係性を強く
持てる
ただのビジネスの
宣伝になる
宣伝ではなく「人」としての発信を
積極的に行う
……ひとり社長は
売る前に
「人」を出す
大きく2つが大事
SNS
(フローメディア)
……主に最新の投稿が見られる
最初の接点や、関係性づくりに有効
ブログ
(ストックメディア)
……テーマで検索されて過去の記事を読まれる
自分の専門性をアピールできる
見込客を集めるのに有効

03 紙媒体は温かみで印象アップできる

—— 紙媒体には紙の良さがある

ひとり社長のブランディングでは、紙の媒体も大切です。紙媒体とは、パンフレットやチラシなどのこと。これらは、あなたの情報を伝える役割はもちろん、アナログとしての良さや効果もあります。

手に触れ、実際に持って見ることができるので、紙の質感、感触、温かみ、色のイメージなどが、そのままあなたへの印象となります。パソコンやタブレット、携帯の画面を見るのとは違い、五感で感じられるからです。

パンフレットはページをめくりますし、ダイレクトメール（DM）は封筒を開くなどの動きがあります。お客様が自らこれらの行動をすることで記憶に定着しやすくなり、あなたを強く印象づけることができます。

紙媒体は持ち歩いたり、保管できることもメリットです。自社のパンフレットは常に持ち歩いていれば出会った人にその場で渡すことができ、相手がそこにメモをすることも可能です。保管できるので、今すぐではなくても改めて見てもらえる可能性もあります。

—— 人間性を伝えることもできる

紙媒体は、あなたの人間性を伝えることもできます。用紙の選び方で、高級感を持たせたり、上品さを演出したりできるのです。

例えば、紙の厚さで信頼感や安定感を伝えることができます。初対面で渡された名刺が厚めの上質な紙であれば、無意識的に信頼できると感じるものです。

既存客に対するDMも、メール等では他のメールに埋もれてしまう可能性がありますが、実際にモノ（DM）を送ることでそうした危惧はなくなります。キャッチコピーを工夫することで開封率を高め、特典に期限をつけてリピート率を上げることもできます。

ただし、紙媒体も単発で使うのではなく、ホームページなどに誘導することが大切です。QRコードを掲載して、どの紙媒体からアクセスされたか等を検証すると、より効果的です。

「紙」はブランディングに効果的に使える

- 手に取る
- 封を開ける
- めくる
- メモする
- 眺める
- 読む
- 残る

五感で感じる・能動的

温かみがあり、印象アップ

ひとり社長パンフレットに必要な情報

● **表紙**
キャッチコピー
メイン写真

● **中面**
理念や大事にしていること
提供サービスと価値（必要があれば価格）
提供方法
実績実例、お客様の声、よくある質問
プロフィール（写真も）

● **裏表紙**
連絡先（店舗なら地図）
ホームページURL、SNS、QRコード、検索ワード

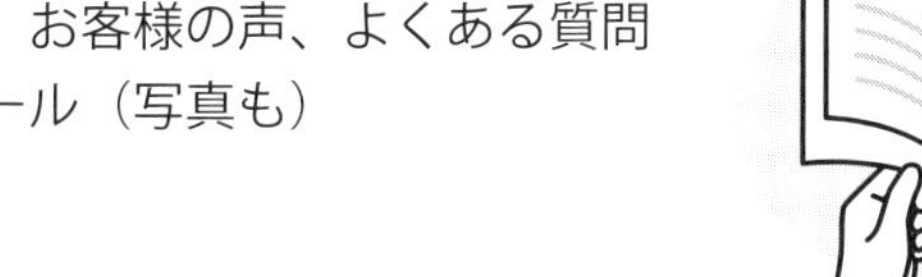

▼

自分の世界観を基にデザインする

04 名刺は第一印象をつくる

―― 名刺は両面を使ってアピール

ひとり社長の名刺は大切です。名刺だけで仕事を受注するのは難しいですが、前項で述べたように名刺であなたの印象を強く持ってもらうことができます。となると、白い紙に会社名と代表取締役などの役職や資格等の肩書き、名前、そして住所や連絡先が記載されただけの名刺では、何をしている人なのか、誰だったのか、あとでわからなくなってしまいます。

名刺は片面だけでなく、裏表の両面を使うようにします。情報の詰め込みすぎは逆効果ですが、ひとり社長のブランディングとしては、**受け取った相手が必要な情報を見やすいようにしたいので、２面はぜひ使いたい**ものです。最近は、４面ある二つ折りの名刺も珍しくなくなってきました。

―― SNSのIDとホームページURL、顔写真は必須

名刺に必要な情報はSNSのIDです。次に直接会う機会がなかなかない場合でも、SNSでつながりをつくり、関係性を深めることができます。もちろんホームページのURLも必要です。いきなりホームページを見てくれる可能性は低いですが、必ず入れておきましょう。

ひとり社長が名刺に入れておきたいのが自分の顔写真です。一度に何人もの人と名刺交換をすることがあります。ですが、あとで見返した時に「この名刺、誰だっけ？」となった経験はありませんか？　顔写真があれば、あとで誰だかすぐに思い出すことができて相手の印象に残りやすくなるのです。証明写真のような写真ではなく、あなたの人柄がわかるような撮り方をしましょう。名刺に載せる顔写真はSNSなどのプロフィール写真と同じものを使います。同じ写真を何度も見てもらうことで相手の心にあなたの印象を強くすることができます。

名刺のプロフィールに人柄がわかる趣味などを載せるのも効果的です。スペースがあると、つい自分の商品やサービスをすべて入れたくなってしまいますが、提供するサービスの概要や、どのようなニーズを解決して、どんな結果を提供できるか、くらいにしておきましょう。

ひとり社長の名刺例

表面

裏面

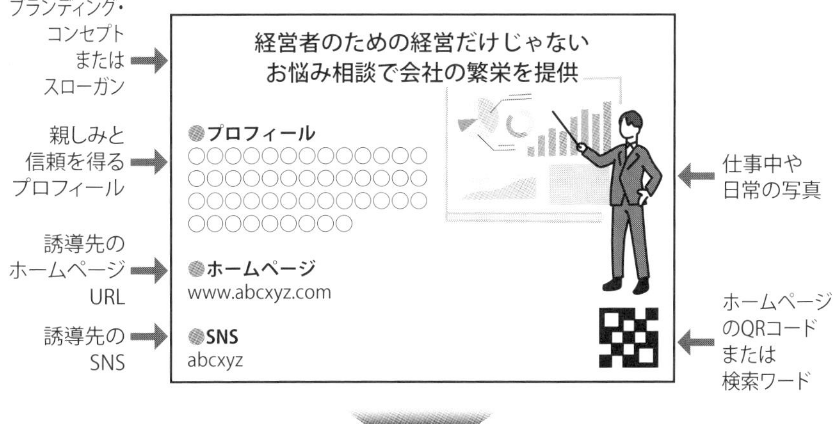

フォントや色、スローガン…
ブランディングの世界観は名刺も統一する

05 キャッチコピーにキレイな言葉はいらない

―― その先を見てもらうきっかけがキャッチコピー

ひとり社長は、自分でキャッチコピーを書くことになります。キャッチコピーは、ほぼすべての販促活動に必要ですし、ブログやメルマガなどのタイトルにも使うので、とても大切です。

キャッチコピーはスローガンではないのでキレイな言葉で表したり、自分のすべてを表そうとしてはいけません。**お客様に興味を持たれ、その広告・販促物の先を見てもらうのが最大の目的**です。ホームページならスクロールをしてもらう、パンフレットなら表紙をめくってもらう、DMなら開封してもらう…先を見てもらえなければ販促物の意味はありません。

キャッチコピーは、見た人に「自分に関係がある」と思われる言葉、つまり自分のニーズを解決できると思ってもらえる言葉にします。自分でキャッチコピーをつくる際は、以下のポイントをおさえましょう。

◎誰のためのものかターゲットを明確にする

どのようなニーズを持つ人向けなのか、「自分のことだ」と思わせます。

「今までの勉強方法ではダメだった受験生へ」（学習塾）

◎なりたい結果（またはなりたくない状況）をイメージさせる

あなたが提供できる結果や回避させてあげることをコピーに入れます。

「夏までにモテる体型になりませんか？」（パーソナルトレーニング）

「もしご主人が病気で働けなくなったら…」（保険）

◎数字や行動などで具体的にイメージさせる

あなたが提供する価値を具体的にイメージさせます。

「御社の売上を２か月で3.5倍にする方法があります」（コンサルタント）

「１か月でウエストを５センチ絞るヒミツ！」（エステ、美容）

また、「ダイエットは続ける必要はありません！」というような、見る人の固定観念を裏切り「え⁉」と思わせるようなものも効果的です。

実際に提供できることや商品・サービスの独自性などは、そのあとで知ってもらえばよいのです。

「自分に役立つ」と思ってもらう

スローガン（例）

☆　NO MUSIC NO LIFE（タワーレコード）

☆　JUST DO IT（ナイキ）

☆　一瞬も　一生も美しく（資生堂）

〈企業の理念を簡潔に表したもの〉

キャッチコピーと混同されるが
違うものなので参考にしない

ひとり社長のキャッチコピーの鉄則

- 興味を持たせて先を読ませる
- すべてを伝えようとしない
- 具体的にする

〈誰のためか〉→自分のことだと思わせる

〈なりたい姿は〉→提供できる結果をイメージさせる

〈なりたくない姿は〉→やらないことによる結果をイメージさせる

良い結果をイメージさせる
言葉を選ぶ

SNSは見込客獲得のためのツールになる

―― 最初の認知はX（旧ツイッター）やインスタグラム

ひとり社長のブランディングには、無料で使えるSNSは欠かせません。あなたを認知してもらい、交流をしながら相手から良い印象や、信頼感を持ってもらえるようにします。その後に「〇〇なニーズを解決してくれる人」と認識してもらうことで、あなたの見込客になっていくのです。

実際の投稿のやり方は、次項から述べますが、SNSは種類によって特徴があります。

最初の認知に適したSNSはXやインスタグラムなどです。まずあなたに興味を持ちそうな人のSNSを自分からフォローしましょう。コメントや、いいねなどの交流をしながら信頼関係を築いていきます。投稿は、朝の挨拶や夕方のお疲れ様といったものでかまいません。まずはそこからあなたの存在を知られるようにします。

そのうち「こんな仕事をした」とか「こんなセミナーに登壇した」といった自分の情報についての投稿を増やしていきます。あなたがどんな仕事をしているかも相手に認知してもらえます。**相手からもらえるコメントやいいねの数などは気にしない**ようにしてください。

―― フェイスブックでさらに知ってもらう

フェイスブック（FB）は、より深い交流や理解に向いています。

Xやインスタグラムは見ず知らずの相手をいきなりフォローしても交流が始まりますが、FBは友達申請が必要です。見ず知らずの相手にいきなり友達申請をするのはブランディングでは逆効果です。すでにXやインスタグラムで交流している人や、実際にお会いした人にメッセージを添えて友達申請をするようにします。

Xやインスタグラムよりも書ける文字数が多いので、自分の仕事や近況について詳しく伝えることができます。そこからブログやホームページを見てもらえるような記載を増やしていき、「おためし」などで商品やサービスの利用をしてもらうようにしましょう。

SNSの活用は見込客のため

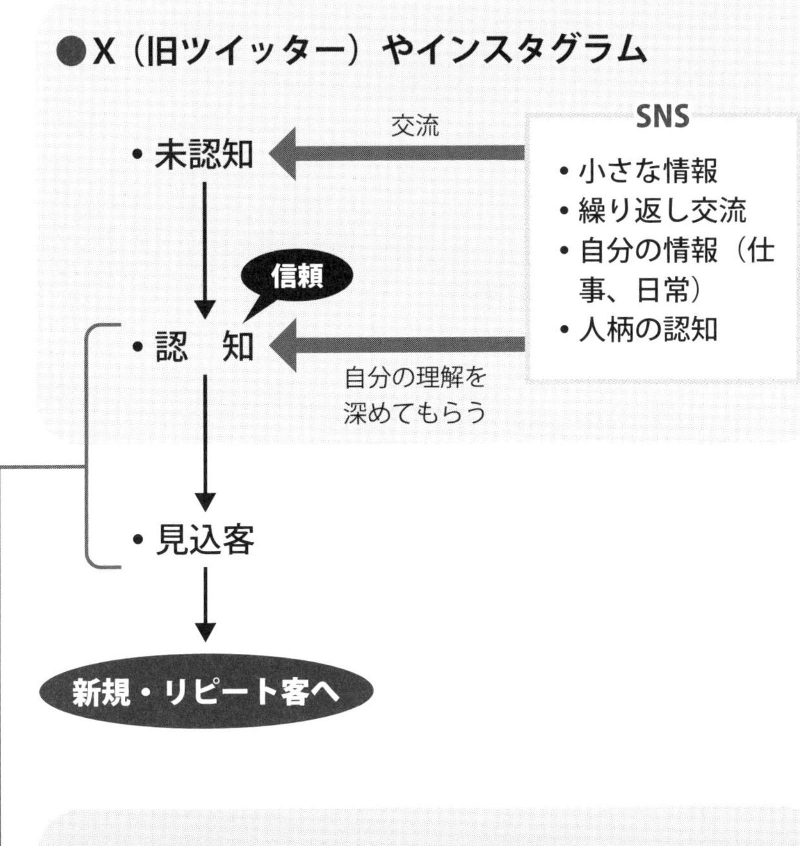

●フェイスブック

- すでに認知されている人との交流
- 多くの情報を伝えられる
- 継続的な接触
- より深い人柄の認知へ
- 商品・サービスとそれに付加する情報の発信

「興味を持たれる」SNSブランディングの投稿法

――自分のビジネスに関するあらゆる情報を開示

お客様があなたに興味を持つということは、相手に「自分のためのもの」「自分に関係ある」と思われることです。つまり、「自分のニーズを解決できる」と認識をされることで、まさにブランディング活動です。

そのためにはSNSで、どのような投稿をすればよいでしょうか。

興味を持たれるためのSNS投稿は、「あなたがどのようなことに応えられるか」「どんな人が利用するとよいのか」です。

例えば、以下のような内容が効果的です。

◎あなたが解決できるニーズや提供した結果

日々の仕事のことを投稿してみます。ここでは宣伝ではなく、お客様の困りごとを解決したり、良い結果を提供できた例などです。例えば、コンサルティングでお店の新規客がどのくらい増えた、などです。

◎対象になるお客様のこと

あなたが日々どのようなお客様と仕事をしているかを投稿します。例えば「今日は社員の定着に悩んでいる社長様とお話ししました」といった内容です。

◎お客様のニーズの簡単解決法（マメ知識等）

126ページでも紹介しましたが、これは最も手軽で効果的です。あなたの専門知識の中から、簡単で誰でもできそうなことを簡潔に紹介するのです。パーソナルトレーナーなどは自宅でできる簡単ストレッチ法。デザイナーだったらWordや手書きでつくるチラシの作成法などです。あなたがどのような専門性を持った人間かすぐにわかってもらえるだけでなく、有益な情報を提供してくれる人という信頼も獲得することができます。

SNSの投稿レベルの知識で素人ができることは限られています。全力で教えてください。マメ知識で相手に良い結果が生まれたとしたら、もっと良くなりたいと思った時に真っ先に思い浮かぶのは、今までそのような情報を提供してくれたあなたです。

お客様のことを思った投稿にひきつけられる

「興味を持たれる」とは

自分のニーズに関係ありそう！
「自分に関係ある」「自分のためのもの」
と思われること

興味を持たれるためにインパクトのある投稿を！というのは間違い
インパクトだけではすぐに忘れられてしまう

投稿例

◆お客様のニーズの簡単解決法（マメ知識等）

●**デザイナー**
ワードで自分でつくれるチラシのポイント
●**中小企業診断士**
自分でできる補助金申請法
●**整体師**
腰痛改善かんたんストレッチ
●**パーソナルトレーナー**
自宅ですぐできる簡単ダイエット法
●**パーソナルスタイリスト**
ファストファッションのコーディネート術

◇こんなに情報を教えたら自分でできるのでお客様になってくれないのでは？
→自分でできるといっても限界がある

◇もっと良くしたいと思ったら誰に頼むか？
→今まで良い情報を提供してくれた、あなたに頼む
→将来の見込客に

◆対象になるお客様のこと

●**自分のお客様の紹介**
どういうことに困って自分のところに来てくれたか
→どういう人が利用すればよいかを伝えられる

◆お客様のニーズに関連するニュース記事シェア

情報サイトやニュースサイトから
●**税理士**
→税制改革などのニュース
●**経営コンサルタント**
→経営がうまくいっている会社の記事（自分が関わっていないところ）
●**デザイナー**
→新しい画像加工アプリの紹介や新製品の紹介

自分の言葉を添えてSNSでシェア

自分に関係があると思ってもらえる

「信頼される」SNSブランディングの投稿法

―― 第三者を含めて伝えると信頼感が増す

ブランディングでは相手から信頼されなければいけません。SNSは信頼獲得にも適したツールです。そのために、以下のことを気にかけながら投稿をしてください。

◎お客様のこと（お客様の良い結果、喜んだ顔）

飲食店やエステなどの店舗だけでなく、コーチやトレーナーなど主に個人を相手にする業種で使える投稿です。実際にお客様に利用していただいたあとに、可能であれば写真を撮らせてもらって投稿します。結果が出て喜んでいる姿で、あなたの提供する商品・サービスの信頼感が格段に上がります。

◎過去の実績や事例

以前にどのような仕事の成果があったか、どのようなお客様にビジネスを提供したかを投稿します。１投稿で１テーマ（実績）にしましょう。これはホームページなど過去の実績や事例から抜き出しても構いません。デザイナーなどは、過去の作品や作例を写真付きで投稿すると効果的です。

◎資格や権威（マスコミ紹介等）のこと

あなたの持っている資格について書きます。資格を更新した際にその認定証などをSNSにアップすることで、その資格を無理なくアピールできます。またマスコミなどにあなたが紹介されたら必ず投稿するようにしましょう。大手のものでなくて構いませんし、地方の新聞や業界誌でも効果があります。あなたが第三者に認められた存在であると認識してくれます。

◎自分の姿（写真など）

ひとり社長なのですから、あなたがそもそもどのような人間か知ってもらわないといけません。SNSのプロフィール写真だけでは信頼獲得には不十分です。

定期的にあなたの写真を投稿することで、単純接触効果により信頼だけでなく親しみを持ってもらえるメリットもあります。

提供する価値の根拠となることを投稿する

投稿例

◆お客様のこと（お客様の良い結果、喜んだ顔など）

- 自分を利用していただいたお客様がどのような結果になるかをわかってもらう
- 相手の喜んだ顔がわかる写真で、お客様だけの写真ではなく、一緒に撮ったり、ビフォーアフターの写真も効果的

◆過去の実績や事例

- どんなセミナーや研修に登壇した、どのような企業のコンサルをしたかなど

◆資格や権威

- 自分の持っている資格。取得や更新のタイミングで載せる。認定証など
- マスコミに紹介されたことなどをアップするのも効果的
- マスコミ紹介では、地方紙や業界紙などでも問題なし
- 保有資格もマスコミ紹介も、第三者から認められたという意味があり信頼になる

◆自分の写真

- 提供価値の根拠だけでなく、信頼感の担保としてSNSではできるだけ自分を露出するようにする
- どんな人かがまったくわからないと不安が大きくなり信頼は得られない

あなたの商品・サービスが、その結果を提供できる理由になる

「親しみを持たれる」SNSブランディングの投稿法

—— 親しみは購買や利用につながる大きな要素

ひとり社長は、まさにあなただけなのですから、人としての親しみを大きく持たれたいところです。あなたの人間性に共感してもらうために、仕事以外の趣味や日常的なことを投稿しましょう。

◎見たものや行ったところ、その感想

読んだ本、映画、音楽などや、旅行やレジャー、スポーツなどの遊び関連、レストランや居酒屋などで食べたもの、ユニークだったもの、友人知人と集まったことなどを投稿します。ここで大切なのは、単に何をしたかではなく、少しでいいのであなたの感想を加えることです。感性や人間性を伝えることができますし、ひとり社長にとって大切な、行動的な印象を与えることもできます。

◎好きなことや、好きなもの

あなたの趣味や好きなことを投稿しましょう。好きなテレビや芸能人、スポーツチームのことなど、見たものや行ったところと同じように、あなたの日常的なことです。ただ好きというだけでなく、なぜ好きなのか？という理由や感想も一緒に投稿すると、趣味嗜好が近い人が反応してくれる可能性が高まります。

◎自分の共感するニュース記事のシェア

ネット上にある自分が感動したり共感したりしたニュースをシェアしてみましょう。やはりここでも自分の感想などを一言加えてください。

人は同じものであれば親しみのある人から買いたいと思うものです。SNSはその親しみをアピールするのに適しています。

アーンドメディア（144ページ）としては、認知、理解、興味、信頼、尊敬などの反応を得る目的がありますが、継続的な投稿に慣れていない方は、まずは日常的なことを継続的に投稿して、見る人に親しみを感じてもらえるようにしていきましょう。

ひとり社長ならではのSNS活用で“親しまれる”投稿に

投稿例

◆見たものや行ったところ、食べたものなど、その感想

- 読んだ本や映画、音楽などのこと、旅行やレジャー、スポーツ、食べたものなど
- 単に写真を載せるだけでなく、その時に感じたことなど感想を加える

◆好きなことや好きなもの

- 自分の趣味や好きな人など、特に情熱を燃やしているものがあれば、印象が強くなる
- 見たものや行ったところなどと同時に、その時に感じた気持ちや、なぜ好きなのかを加える

◆自分の共感するニュース記事のシェア

- お客様のニーズや自分の仕事に関連することだけでなく、単純に感動して良かったことや新しい発見などの情報をシェアする
- あなたがどのようなことに共感するのか、どのような価値観を持っているのかをアピール
- 自分が共感した世の中の感動的な話など

身近に感じてもらうことで親しみを持たれる

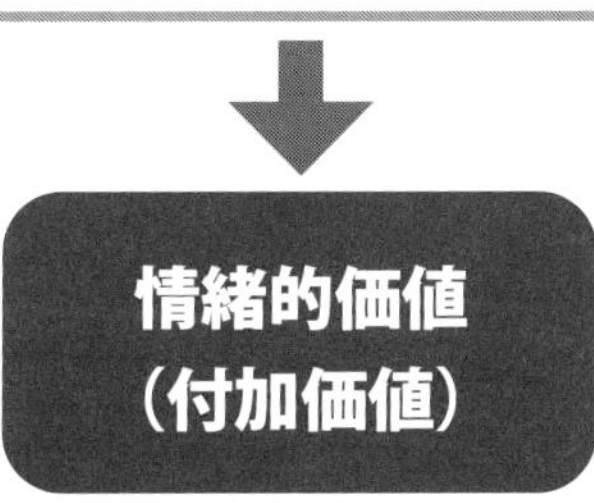

「尊敬される」SNSブランディングの投稿法

―― 向上心や想いを適宜投稿してみる

ひとり社長ブランディングで単価を上げていくために、あなたはお客様のニーズを解決できる価値のある存在として認識される必要があります。そのために信頼や親しみ以外に専門家として尊敬もされなければなりません。少しあざといですが、SNSはそのためにも使うことができます。

◎学んでいる姿勢、日々向上しているところ

あなたがセミナーや研修などを受けて、お客様のために日々努力をしているところを見せましょう。業界のイベントなどに参加して情報収集をしているところも尊敬される要素になります。日々、ジムで筋トレをしているところを投稿することで、知識だけでなく精神的にも自分を律しているところを伝えられ、尊敬を得ることができます。また、マラソン大会などの目標に向かっている姿も同様です。

◎今の自分をつくる過去の経験

今のビジネスをする前に、何をしていたか等も今のあなたを形成している要素がわかり重要です。例えば、過去に広告のデザイナーとして活動していたけれど、よりクライアント企業の売上アップに貢献するために、経営の根本からお手伝いしたいという想いでコンサルタントに転身したとなると、相手はその想いに共感し尊敬の気持ちを持つようになります。

◎仕事に対する想い

自分の理念や使命、大切にしていることのアピールも大切です。頑張っている中小企業の支援をしたいとか、素敵な女性を増やしたい、といったものです。理念を基本に活動していることをわかってもらえると、尊敬につながっていきます。

専門家として尊敬されることは、決して偉ぶるとか上位に立つという意味ではありません。

また、あまり頻繁に投稿すると、人によっては気になる投稿になるかもしれません。適度に投稿することで尊敬感を得ることができます。

これまで、現在、そしてこれからを発信する

投稿例

◆学んでいる姿勢、日々向上しているところ

- 自分が何かの研修やセミナーなどを受けて、お客様のために日々努力をしている投稿
- 「自分に何かあってはお客様にご迷惑がかかる」と体を鍛えているところを見せる
- 美容系でも自分が率先して美しくなる努力をしているのを見せる

◆今の自分をつくる過去の経験

- 今の自分になる前（今の仕事を始める前など）にどのような経験をしたか
- 広告デザイナーが、お客様の売上アップに広告ではなく経営の根本的なところからお手伝いしたい、なども過去の経験からくること

◆仕事に対しての想い

- 仕事をしているうえで大切にしていること、自分の理念や使命、目指す姿などをアピール

専門家として、人として尊敬される要素は必要

11 プロフィールのアイコン（写真）で覚えてもらう

—— 写真はあなたが持たれたい印象を伝えられる

ひとり社長ブランディングのSNS活用で大切なのはプロフィール画像です。これがあなたをより知ってもらえるアイコンとなるので、画像は顔が写っている写真を使いましょう。SNSを見ている人は、あなたがどのような人かわからなければ、不安が先に来てしまい利用しようという気にならない可能性があります。

ブランディングでのSNSはビジネスとして使うので、プライベートのスナップ写真や自分のスマホで撮ったものではなく、できるだけ他人に撮ってもらったポートレート写真を使うことをおすすめします。

自分のブランディングとして**「持たれたい印象」から撮り方を決めましょう**。自然に笑っている明るい背景の写真であれば親しみを感じてもらえますし、逆に真剣な表情で重厚な色味であればしっかりした専門家としての雰囲気を出すことができます。仕事中や打ち合わせ中の姿、人前で話しているシーン等でもよいでしょう。クリエイターであれば白黒写真にすると、雰囲気を出すことができます。

—— すべて同じ写真にすることが大事

メインになるSNSを決めて構図を考えることもおすすめです。例えばフェイスブックであればモニタでプロフィールページを開いた時、プロフィール画像の位置が左側にあります。その場合は右側に顔を向けると自然な感じがします。逆にすると窮屈だったり違和感を感じてしまうこともあるのです。

何度か述べているように、大切なのはSNSだけでなく、ブログやホームページ、名刺などで使うすべてのプロフィール写真を同じものにすることです。単純接触効果で同じ写真を何度も見てもらうことで、良い印象を持たれ、相手の記憶に定着しやすくなります。

写真は、プロフィールや肩書きと合わせて見てもらうことで、どのような人間かをより明確に伝えることが可能になります。

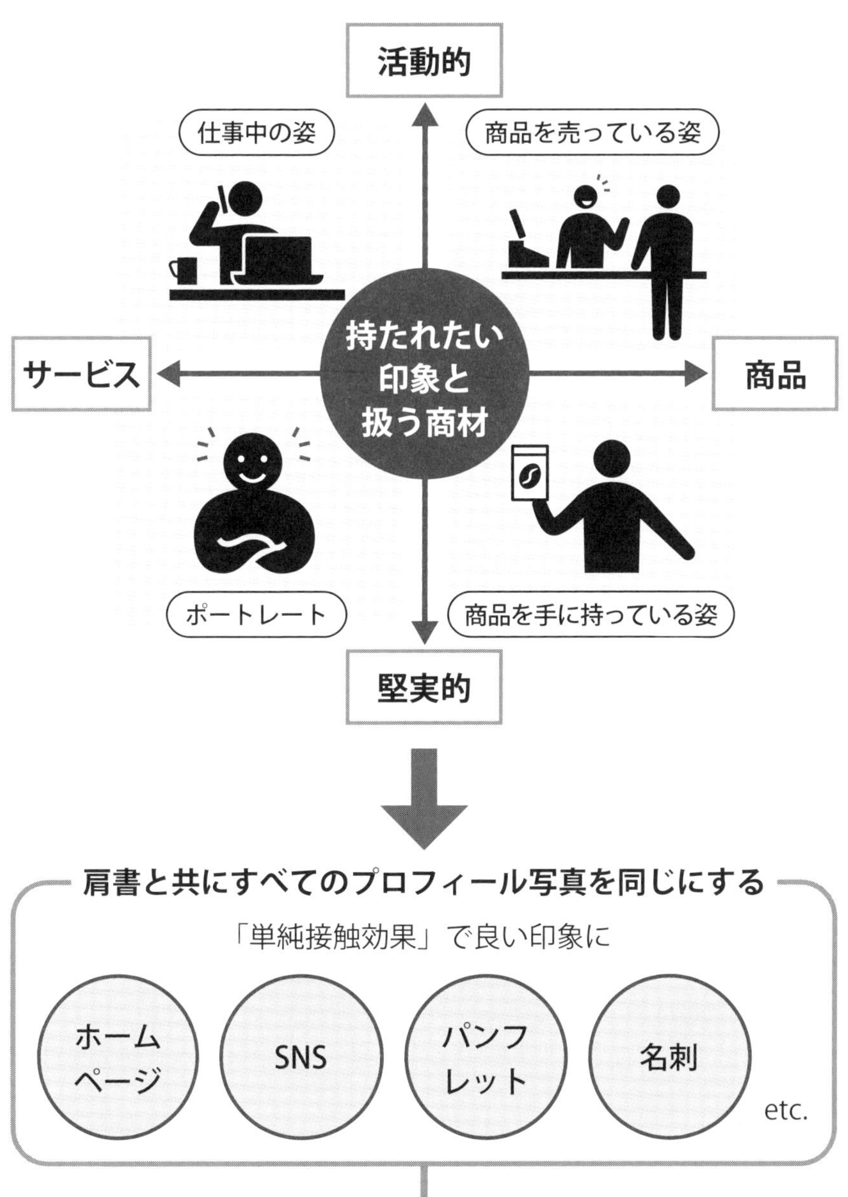
プロフィール写真の撮り方例
活動的
仕事中の姿
商品を売っている姿
持たれたい
印象と
扱う商材
サービス
商品
ポートレート
商品を手に持っている姿
堅実的
肩書と共にすべてのプロフィール写真を同じにする
「単純接触効果」で良い印象に
ホーム
ページ
SNS
パンフ
レット
名刺
etc.
構図も十分に考えて撮る

Column

ひとり社長ブランディングの一番の敵は「思い込み」

ブランディングを行う際は、うまくいかないことも多く、様々な障害もあります。それらを乗り越えてブランディングをしていきますが、最も大きな障害は何だと思いますか。

それは「自分自身」、つまりあなたです。正確に言うと自分自身の「思い込み」です。これが、ひとり社長ブランディングであなたの提供価値を明確にする際の、一番の障害であり敵になるものです。

人は必ず思い込みをします。「自分は思い込みをしない」という人がいたら、それが思い込みです。

例えば、「お客様はこれを求めているに決まっている！」という感覚です。48ページで述べたサラダマックは、そういう思い込みで失敗した例の1つです。思い込みが邪魔をして、マクドナルドに本質的に求められているジャンクフードからくる満足感が見えなくなってしまったのです。

またターゲット設定でも思い込みが発生することがあります。ブランディングのコンサルティングやセミナーでは、自社のターゲット設定をしてもらいます。ターゲットとは、自社の商品・サービスに関して最もニーズが高いであろうと想定するお客様グループです。

その設定で、「お金を持っている人」をターゲットにすることがよくあります。お金を持っている人でないとビジネスが成立しないという思い込みがあるわけです。

ターゲット設定は、自分を本当に求めている人は誰か？　という視点で行うので、決してお金を持っている人ではありません。

「自分の価値は○○だ！」とか、「狙う市場は◇◇だ！」とか、考えるプロセスを経ずに決めてしまうと思い込みである可能性が高く、うまくいく確率が低くなってしまいます。

ブランディングをする際には、まず「自分は思い込みをするんだ」という認識で、自分のやることを常に客観的な視点で見ていくことが大切です。

第7章

ひとり社長ブランディングを成功させる視点

01 ブランディングでも目標設定は大事

―― 目標は数字などの「形」にする

実際にブランディング活動が正しく進んでいるかを判断する基準が「目標」です。目標は活動の指針になるものなので、正しく進んでいるのか？　実際に達成できているのか？　を判断するために、数字などの形で表せるものでなければいけません。

「売上を増やす」などの漠然とした目標では、何をどのように行動してよいかわからず、結局行き当たりばったりになってしまいます。１人でやっているとすべて自分の判断で動けるので、つい何も計画せずに進めてしまいがちです。

―― 目標を分析して行動を決める

目標で最も一般的なのは「売上」です。売上目標を設定したら、売上を構成する３つの要素「客数」「客単価」「利用期間・回数（リピート数）」の現状を把握します。それによって、どこを増やせば目標達成に近づくかが明確になります。

例えば、もしあなたがコンサルタントで、売上1000万円という目標を立てたとします。次に現状を客数、客単価、利用期間・回数で分析します。月のコンサルティング代が15万円（単価）の年間契約（回数）だったとして、現在の顧客が４社（客数）だとしたら年間売上は720万円です。契約期間は年間契約なので変更しようがありません。

そこで時間的余裕があり、顧客数を増やしても他に影響がなさそうであれば、まず行うべきは新規顧客を増やすことです。そこでホームページ、SNS、パンフレット、セミナー開催など新規顧客を増やす活動を重点的に行うなどの方法が考えられます。

では単価を上げて売上1000万円にするには、どうしたらよいでしょうか。現在のコンサルティングに付加価値をつけてパッケージ化し、月の料金を22万円にするという方法もあります。このように**現状を分析すると、まず何に力を入れるべきかがわかり、効率よく目標達成に近づきます。**

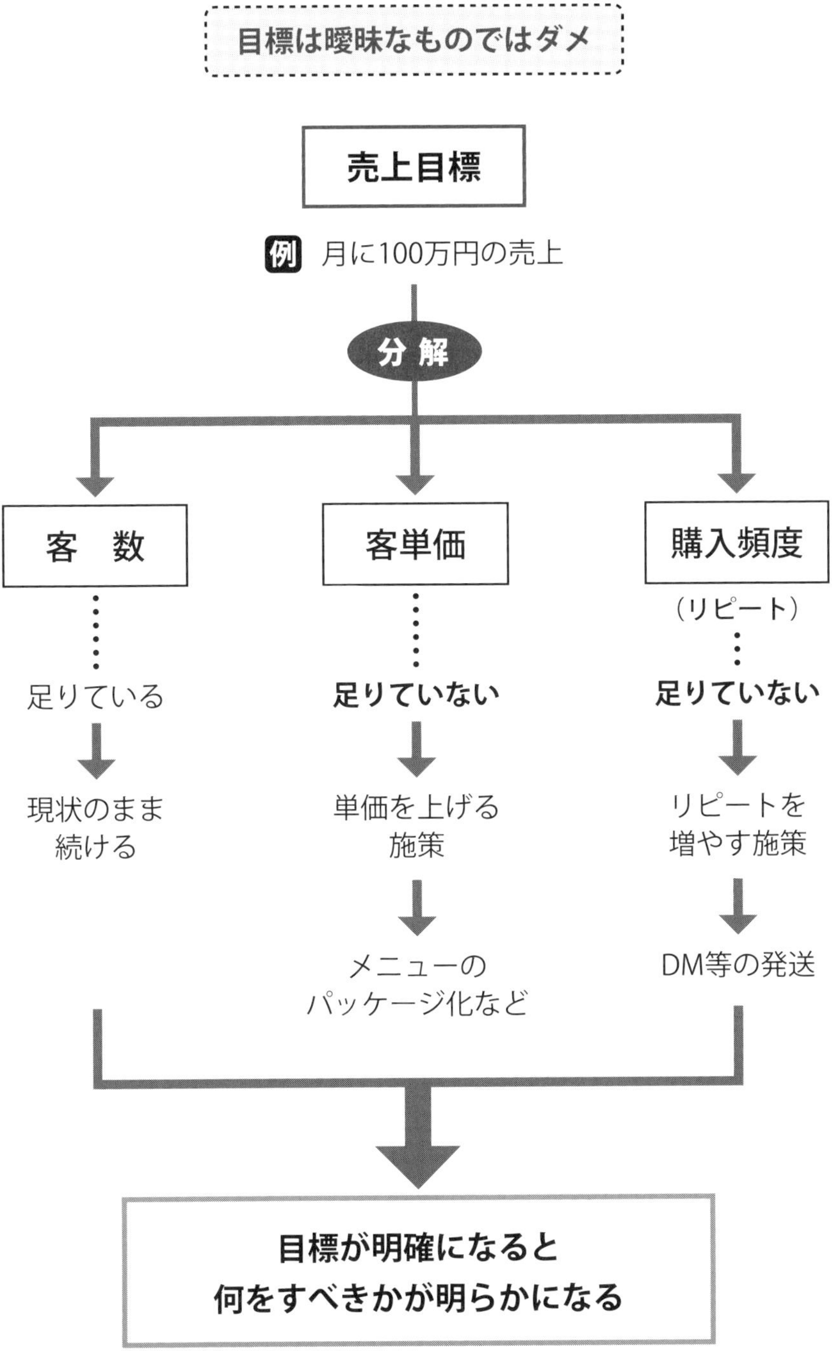

目標は曖昧なものではダメ

売上目標

例 月に100万円の売上

分解

客　数	客単価	購入頻度（リピート）
足りている	**足りていない**	**足りていない**
現状のまま続ける	単価を上げる施策	リピートを増やす施策
	メニューのパッケージ化など	DM等の発送

目標が明確になると何をすべきかが明らかになる

02 やるべきことの優先順位をつける

―― 様々なブランディング策で何を優先するか

ひとり社長はスピードが大切です。しかし、とりあえず思いついたことをやってみる…ではいけません。何からやるべきか優先順位をつけることで効率よく活動ができます。そこで自分のできること、やるべきことを以下のような視点で考えましょう。

◎重要度（効果）

行うことでどれくらいの効果が見込めるかで重要度を考えます。

◎費用・コスト（難易度）

費用やコストを検討します。その施策を実現できるかどうかという難易度も考えてみましょう。

◎時間

それぞれの活動の検討を始めて実行できるまでにどのくらい時間がかかるか。また、実行してから効果が出るまでにどのくらいの時間がかかるかを想定します。

―― 同時にできることはやっていく

例えば、ホームページを立ち上げると、あなたの提供できるビジネスや、実際のサービスを伝えたり、お客様の声等によって信頼感を生み出すことができます。問い合わせもしてもらえるし、しっかりつくれば効果があるので重要度は高くなります。

しかしあなたが制作するのであれば、それなりに時間もかかるので時間の評価は低くなります。とはいえ、外注で頼むと当然費用もかかります。そこで費用・コストの評価は低くなります。

一方でSNSは、お客様との関係性を築いていくものです。費用は基本的に無料ですし、導入コストもかかりません。しかしSNSはコツコツと投稿をしてお客様からの信頼を得ていくもので、すぐに効果が出るわけではないため時間の評価は低くなります。

このように、やるべき施策を検討し、できることは同時に行います。

「重要度」「費用」「時間」で優先度を考える

目標に向けてすべてを同時に行うことは困難

優先順位を決める

●優先順位の判断基準の例　〈◎→高　○→中　△→低〉

※カッコ内は優先度をポイント化した数値

	重要度	費用・コスト	時間	優先順位（合計）
ホームページリニューアル	◎（9）	△（3）	○（4）	4（16）
SNS開設	◎（9）	◎（9）	○（7）	1（25）
スキルアップ	◎（8）	◎（8）	△（3）	2（19）
パンフレット作成	○（4）	○（5）	○（5）	6（14）
ネット広告	○（5）	△（2）	◎（8）	5（15）
新メニュー開発	○（7）	○（5）	○（5）	3（17）

SNS開設とスキルアップを進め、
新メニューを開発したのちに、
ホームページリニューアル

大切なのは「やらないこと」を決めること

―― 判断に迷う時や不測の事態に対応できる

ブランディングであなたの価値を伝える行動に一貫性を持たせるため、「やるべきこと」と「やってはいけないこと」を設定します。企業のブランディングでは推奨規定・禁止規定などと呼ばれます。

これを決める際には、「営業・対面」「販促・SNS」「扱う商品・サービス」「その他」の４つの視点で規定します。

何が「やるべきこと」なのかを設定することはもちろん必要ですが、特に大切なのが「やらないこと」の規定です。

例えば、「営業・対面」では、無理な売り込みを行わない、値引きに応じないなどの自己規定です。

「販促・SNS」では、販促活動やSNS、ブログでの発信や、お客様との対面の時にやってはいけないことを決めておきます。政治や宗教といった個人のアイデンティティに関することは投稿しないとか、人や企業の批判は言わない、などが考えられます。

「扱う商品・サービス」では、士業やコンサルタントであれば、最初のヒアリングをオンラインや電話ではやらない、モノを売るのであれば、あれこれ商品構成やラインナップを増やさない、などがあります。

「その他」では、集客のために自分の方向性と合わない企業とはコラボをしない、などが考えられます。

ひとり社長は、思わぬ事態が起きて判断に迷うことがあったり、思わずやってしまったりすることもあります。**「やらないこと」を決めておけば、ひとり社長のブランディングの一貫性を保ち、お客様へ伝えるべきあなたの価値が誤って伝わることがなくなります**。ただし、マニュアルではないので、すべての行動を規定する必要はありません。

仕事に関することであれば、これらの「やること」「やらないこと」をまとめて「お客様への約束」としてホームページなどに掲載すると、お客様からの信頼や共感を得ることもできるのです。

「やらないこと」を決めておくと意識しやすい

やるべきこと	4つの視点	やらないこと
○ 挨拶など信頼関係の構築 ○ 事前ヒアリングの機会 ○ 連絡頻度を多く ○ メールは当日中に返信 ○ すべての期日を決める	営業・対面について	✕ いきなりの高額商品紹介 ✕ 値引き要求に応じる ✕ 返信・レスポンスをしない ✕ 不快感を与える見た目 ✕ 相見積り・競合プレゼンへの参加
○ SNSの継続的な発信（週３回以上） ○ SNSの積極的な交流 ○ 世界観の統一 ○ 認知度に合わせた情報発信 ○ 販促計画にのっとった活動	販促・SNSについて	✕ SNSでの商品紹介（宣伝） ✕ 見込客に合わない媒体の使用 ✕ 思いつきの販促 ✕ 予算を超えた販促 ✕ 宗教・政治についての発信 ✕ 感情的な投稿
○ 見込客を集める商品をつくる ○ ラインナップを絞る ○ 価格設定を競合より高く ○ 付随サービスをつくる ○ 継続利用の仕組み ○ 時代に合わせてリニューアル	商品・サービスについて	✕ 意味のない値下げ ✕ ラインナップを広げる ✕ 仕入先の変更 ✕ 根拠のないコラボ ✕ コンセプトに合わない商品をつくる
○ 目標設定をする ○ 月に４冊本を読む	その他	✕ 乱れた食生活 ✕ 協力者への値引き要求

※やるべきこと・やらないことで、相反する場合もあるが、より重要なほうを意識する。

04 協力者や共感者を集める

―― 共感してくれる人が増える

ブランディングは、基本的にお客様へ向けて行うものですが、実は協力者や共感者を集めるためにも効果的です。ビジネスでは、あなた１人ですべての依頼をまかなえず、協力者が必要になる場合があります。

ブランディング活動を行うことで、あなたの提供する価値や想いに共感してくれる協力者を集めることが可能になります。**同じ価値観を共有した者同士が手を組むことで、ビジネスが成功する確率は高まります**し、よりビジネスの幅が広がっていきます。

仕事やお客様に対するあなたの価値観や想いをホームページやパンフレットに載せたり、SNSで発信したりすることで、お客様だけでなく、周囲の人にも共感してもらうことができるのです。こちらからお願いするのではなく、ぜひあなたと一緒にやりたいという対等、またはそれ以上の関係が築ける可能性が高くなります。

―― 周囲にあなたの価値観の影響が広がる

ホームページなどに「ビジネスパートナー募集」と、ブランディング・コンセプトや価値観と共に載せておくことで、協力者を求めていることがわかります。

またSNSなどで「こういう人いませんか？」と発信することで、あなたの価値観に共感している人が知人を紹介してくれることもあります。

協力者は、あなたとは業種が違う人がよいでしょう。例えば税理士が司法書士と組んだり、コンサルタントがデザイナーと組むなどです。同じ業種で組むとお客様の取り合いになってしまうことがあります。そのような場合は、協力し合うというより発注する立場になりましょう。

ひとり社長であっても、ビジネスが軌道に乗り、新たに社員を雇用したいと考えることもあるでしょう。その際にも、このようにブランディングをしておくことで、あなたの考え方に共感する人が集まってくる可能性が高くなります。

理念の継続的な発信はお客様向けだけではない

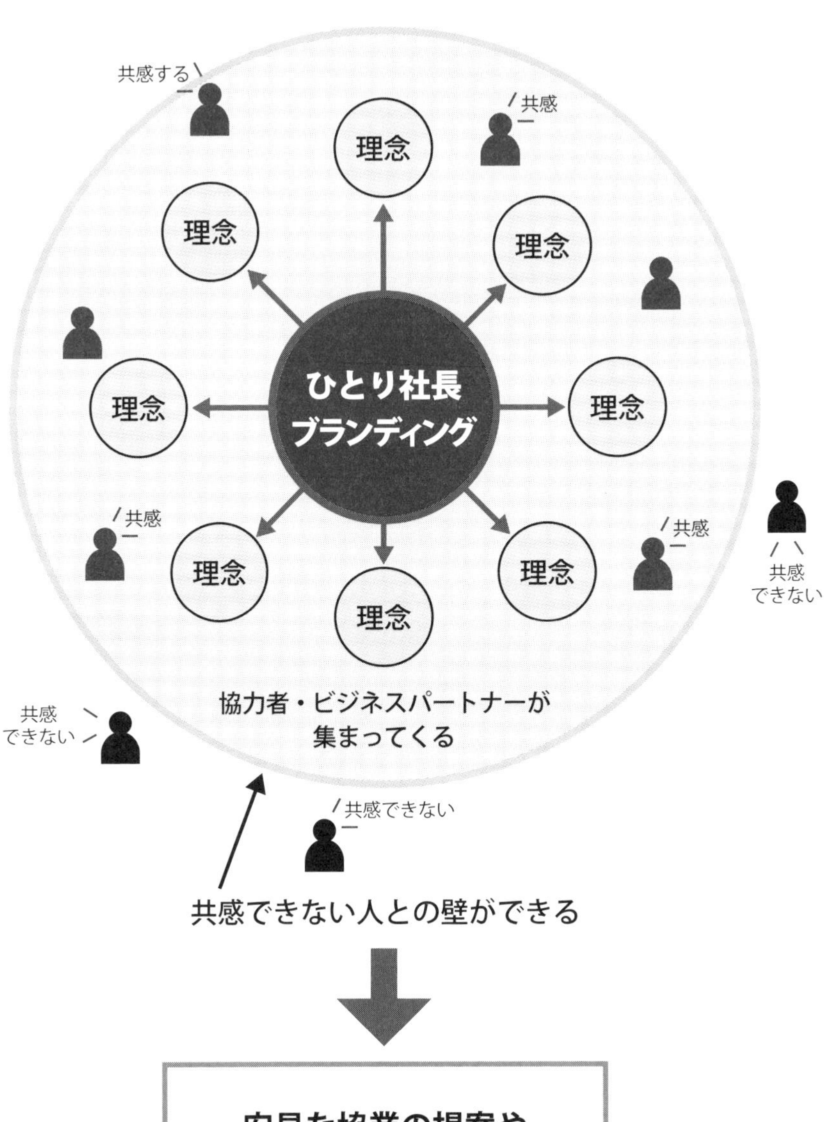

安易な協業の提案や
セールスが来なくなる

05 ファンになってもらうためのアフターフォロー

―― なぜアフターフォローをするのか

人は何かを選ぶ時、まず「信じたいもの」を選び、その後で「選んだ理由」を正当化する情報を無意識のうちに探し始めます。

あなたの人柄や価値を自分で感じ、信頼して選んだあとは、その選択が正しかったことを自分自身で納得させたくなります。お金を払っているし、後悔したくない…という気持ちが出てくるのです。

あなたに依頼しようかどうか検討していた時より「本当にこれでよかったのか」と、あなたのことをよく考えることもあります。その時に「やっぱり失敗だった」と思われたら、あなたのファンになるどころか、リピートさえしてくれません。

―― 頻繁にコンタクトして信頼感をつくる

ブランディングでは、最終的にあなたのファンになってもらいたいのです。そこで、アフターフォローが大事になります。先に述べたように、売るためではなく、ファンになってもらうためです。

そこで、進捗状況をこまめに報告したり、相談を頻繁に行います。メールや電話、実際の対面などでいくつもの接触機会をつくるわけです。もちろん引き続きSNSやブログでの発信も欠かせません。**改めてあなたは信頼できる人間であることを再認識してもらって、選んだことを後悔させないようにする**のです。

月契約のコンサルティングであれば、セッションごとに報告書と次回までの課題を文書で提出する方法もあります。また定期的にニュースレターを出したり、年賀状などの挨拶状も効果的です。

ブランディングでは「何でもできます」ではなく、あなたの専門性を認識してもらいますが、実際に商品・サービスを利用してもらったあとは、あなたのできることでお客様の様々なニーズを解決できる「何でもできる人」になってよいのです。ファンになってもらい、そこではじめてリピートやアップセルにつなげることができるのです。

人は買った瞬間から後悔し始める

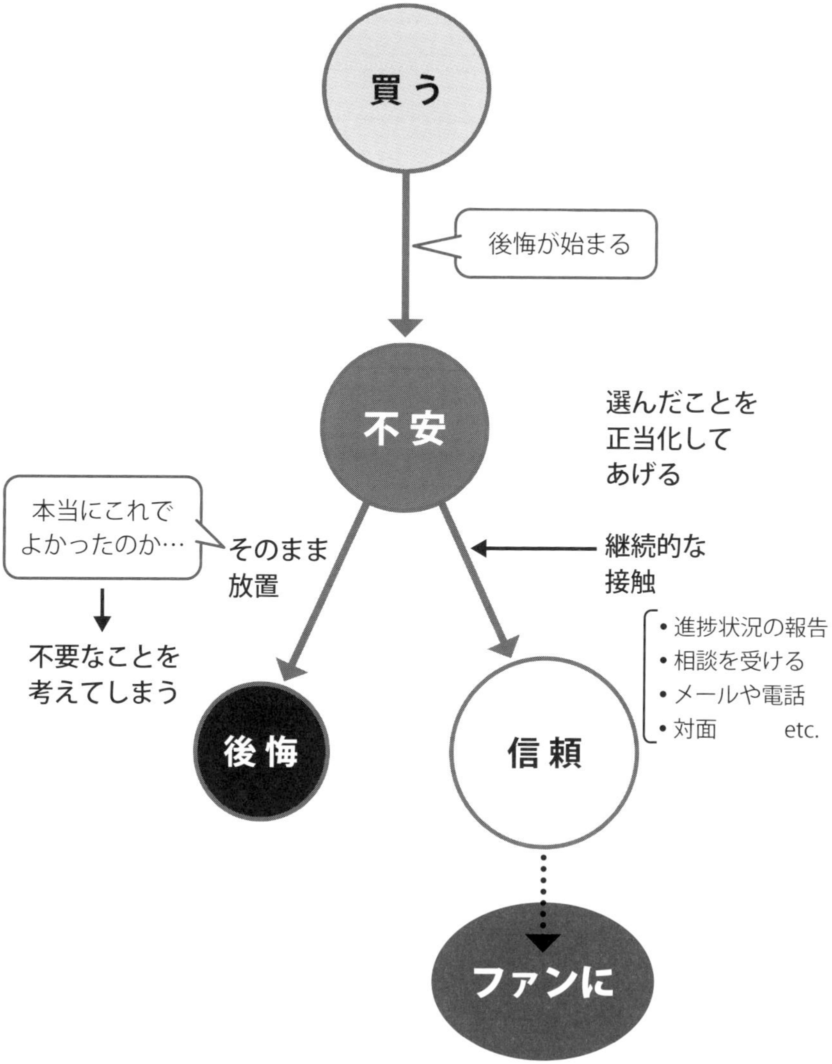

買う

後悔が始まる

不安

選んだことを
正当化して
あげる

本当にこれで
よかったのか…

そのまま
放置

不要なことを
考えてしまう

後悔

継続的な
接触

• 進捗状況の報告
• 相談を受ける
• メールや電話
• 対面 etc.

信頼

ファンに

優良顧客（ファン）になってもらうためには、
お客様をそのままにしない！

ひとり社長ブランディングを楽しむ思考

―― ビジネスは楽しいからこそ継続できる

ひとり社長のブランディングでは、何事もプラスにとらえる力が大切です。ここまで見てきたように、自分の弱みと思っていたことも、視点を変えると強みになる可能性があるのです。ネガティブな思考では弱みは永久に弱みのままです。**弱みを情報や事実の１つとしてポジティブにとらえるからこそ、強みに変換できる**のです。

ビジネスには様々な逆境や障害など制約条件がありますが、それもポジティブな思考で見ることが大切です。物事の視点を変えて新しいとらえ方をすることを心理学では「リフレーミング」と言います。これは、あることに対して思考の枠組み（フレーム）を掛け替える（リフレームする）ことです。

自分でマイナスと思っていることでも、リフレーミングでプラスにとらえるようにします。日々、自分に起こることや世の中の出来事に対してこの訓練をしていくことで、ポジティブ思考に変わっていくのです。

今までリアルの会場でセミナーをしていたのに、オンラインに切り替えなくてはならなくなった時など、視点を変えれば、近場の人たちだけでなく今まではリーチできなかった地方や全国のお客様を相手に営業できると考えることができます。

店舗でも、駅から遠かったり人通りが少なかったりすると、立地が悪いとデメリットに感じられますが、視点を変えると「隠れ家」というコンセプトを打ち出すことも考えられます。

何度も述べているように、ひとり社長は、自分１人しかいないので、常にお客様にとっては自分が担当できて話が早いとか、意思決定が早いなどのメリットがあります。

ひとり社長はリソースが足りないと思いがちですが、ポジティブな思考で考えると、規模が小さい、商品が少ない、経験が少ないなども強みに置き換えることができ、リソースの宝庫となるのです。

小さいところ、弱いところに新たな価値を見つける

「弱み」でも視点を変えると
「強み」になる可能性がある

リフレーミング

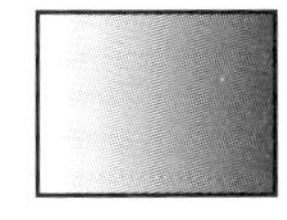
・横から

・斜め上から

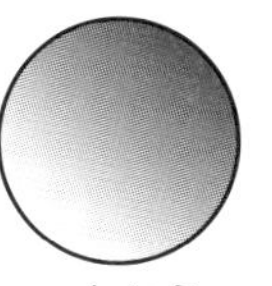
・上から

違う枠組みで見ると、見え方が変わる

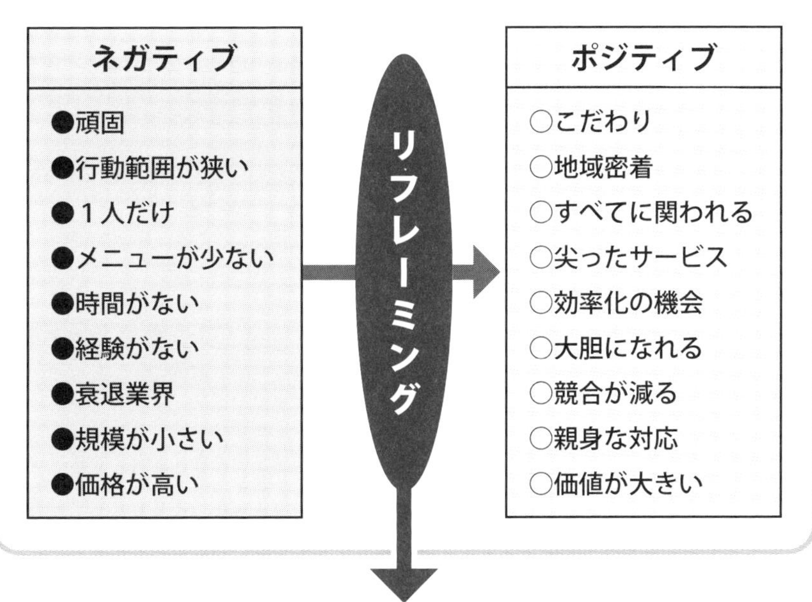

視点を変えて新しい価値を探す！

Column

「まだブランディングはやらないでください。」

本書は、ひとり社長ブランディングのメリットをお伝えしていますが、「まだブランディングはやらないでください」なんて言われたらどうでしょう？

実は、ブランディングが気になる人にとって、やらないでくださいと言われると、ますますブランディングがやりたくなるのです。

人間の脳は「～してはダメ」という否定形を認識できないといわれています。つまり「～やらない」という否定の言葉は認識しないので、ブランディングという言葉だけが脳の奥底に入ってくることになります。

以前、駅などのトイレに「トイレを汚さないでください」という張り紙がありました。この文言を見ると「トイレは汚れているもの」とイメージしてしまうのです。汚れているものなんだから、自分がわざわざキレイに使おうなんて思わないのが人情です。結果、トイレはますます汚れてしまうことになるのです。

ある時から「いつもキレイに使っていただき、ありがとうございます」というような文章に変わっていきました。この言葉にすることでトイレが以前よりキレイに使われるようになったのです。

住宅販売のコピーに、「まだ家は買わないでください」というのがありました。そもそも家を買いたいという見込客に向けたコピーなので、これを見た人は「家を買う」ことを無意識に強くイメージするようになります。「なぜ買っちゃいけないのか？」と、自分自身でそのギャップを埋めようとして、より大きな興味を持ってその広告の先を読んでしまうのですね。

脳が否定形を認識できないことを知っておくと、広告・販促で相手の興味をひきつけるコピーに応用できます。「契約はしないでください。まずはちょっとだけ話をさせてください」というような、対面の営業トークにも使うことができます。

ですので、「まだブランディングはやらないでくださいね！」。

ブランディングに使える書き込みシート

売上目標からやるべきことを決める ＜シート１＞

●どのくらいの売上にしたいですか？

●売上を構成する３つの要素は、それぞれどうなれば売上を達成できますか？
（売上はこの３つの掛け算）

客数	客単価	リピート回数

●それぞれの現状は？

●それぞれを達成するために何をしますか？

客数

客単価

リピート回数

自分の強みを見つける ＜シート2＞

●あなたの「強み」と思えることは何ですか？（箇条書きで）

強みだけではなく弱みも大切

●あなたの「弱み」と思えることは何ですか？（箇条書きで）

弱みを考えてみる	弱みという主観ではなく事実だけを客観的に	それは相手にとってどんな良いことがあるか→強み

世の中の動きを見て自分のできることを探す ＜シート3＞

●政治的要因～Politics

政治の動向、税制や法律、公的補助や助成金…等	▶	それが自分にどのように影響するか？

●経済的要因～Economy

経済の動向、景気や物価、消費動向、業界の状況…等	▶	それが自分にどのように影響するか？

●社会的要因～Society

社会の動向、人口動態、流行や文化、ライフスタイル…等	▶	それが自分にどのように影響するか？

●技術的要因～Technology

技術の動向、新しい技術や素材、システム…等	▶	それが自分にどのように影響するか？

▼

これらの事実から自分はどのようなことができるか？ 考えられるか？

アピールの軸と肩書きをつくる ＜シート４＞

［1］お客様はどのような人（会社）ですか？ または困っていること、望んでいることは何ですか？

［2］あなたの提供できる良い結果はどのようなことですか？

［3］その結果をどうやって提供しますか？　他とは違うやり方は？

［4］あなたのメインになる肩書き、職業、資格等は？

▼ これらをまとめてコンセプトにする

●アピールのコンセプト

私は ［1］ **というような人（会社）に** ［2］ **を**

［3］ **なやり方で提供する** ［4］ **です。**

▼ コンセプトを短くまとめる

●肩書き

［1］ ［2］ ［4］

共感されるプロフィールをつくる　<シート５>

［1］〜［4］は箇条書きで

［1］過去に苦労したことは何ですか？

［2］今は何をしていますか？　またどんな実績がありますか？

［3］将来、どのようなことを目指していますか？

［4］自分の人となりや趣味などは、どのようなことがありますか？

４つをまとめてプロフィールの文章に

ブランディング活動・販促の仕組み化 ＜シート６＞

●あなたをまったく知らない人に接触できる媒体は

※すべてリストアップ

●すでに利用してくれた人の連絡先に接触できる媒体は

※すべてリストアップ

●仕組み化

未認知→認知：知ってもらう

・伝えること、載せるもの、どんな内容か　・使用する媒体・活動

次の媒体・活動へつなげる

認知→見込客：必要と思ってもらう

・伝えること、載せるもの、どんな内容か（主に集客商品）　・使用する媒体・活動

次の媒体・活動へつなげる

見込客→既存客：選ぶきっかけや不安解消

・伝えること、載せるもの、どんな内容か　・使用する媒体・活動

次の媒体・活動へつなげる

既存客→リピート客：継続することによる期待

・伝えること、載せるもの、どんな内容か　・使用する媒体・活動

見込客を集める商品・サービスから利益商品へ　<シート7>

●集客商品（フロントエンド商品）

・おためし、無料で提供できるものは？

・どこで告知をするか

・どのように顧客情報を入手するか

●利益商品（バックエンド商品）

・継続的に価値を提供できるものは？

おわりに

最後までお読みいただき、本当にありがとうございます。

この本は、ひとり社長として苦労している方に、楽しく仕事をしてもらいたいという想いで執筆しました。

多くのひとり社長へ向けたものなのですが、その中の１人は起業当初に苦労していた私です。

「はじめに」でもお伝えした通り、私も広告デザイン会社のひとり社長として起業して、いきなり価格競争に巻き込まれました。営業経験もなく、単価を安くしなければ仕事をいただけないという意識でしたので、安くするからとお願いをして仕事をもらっているような状況でした。

大学も出ていなくて、有名企業に勤めた経歴もない、立派な資格も何もない、小さくて弱い立場です。そんな自分では単価を安くするしか生きる道はないと思っていたのです。

当時は、ブランディングという手法を知らず、しばらくこの状況のまま不安を抱えて生きていくことになりました。ブランディングをしたうえで起業していたらどんなに楽だったろうかと、今でも思うことがあります。

しかし、ある時にブランディングを取り入れてからの自分のビジネスは、大きく変わることになりました。デザインそのものを売るのではなく、「デザインした広告の成果を提供する」という意識に変わったのです。そこからお客様の企業の売上を上げることに成功し、その結果、デザインの単価を上げることができて、自分のビジネスも伸ばすことができました。

現在は、ひとり社長の起業家育成をはじめ、企業などへブランディングのノウハウを提供するコンサルタントや講師として活動しています。

それは、自分が最終的に提供したいものが広告デザインだけでなく、起業家や企業の経営を良くしていきたいという想いに変わったからです。それができるのがブランディングなのです。

ブランディングは、表面的に自分を良く見せるものではなく、お客様への想いからスタートします。常にお客様の良い結果や幸せを考えて活動することで、自分への良い結果として返ってきて、最終的にはお客様から愛される（ファンになる）ようになっていきます。

そんなのはきれいごとだと言う人もいるかもしれません。しかし、私はブランディングはこの「きれいごとを形にする」戦略だと思っています。

長い目で取り組めば必ずビジネスの良い結果が出るものです。これを多くの人に取り入れてもらえたらと思って活動しています。

その想いを書籍として出させていただくために、多くの方に助けていただきました。ブランディングも大切ですが、人とのご縁というのも本当に大切だという再認識と感謝をする機会にもなりました。

ブランディングのコンサルタントとして活動できているのは（一財）ブランド・マネージャー認定協会代表理事の岩本俊幸様の存在があります。ブランディングの素晴らしさを教えていただき、この方と出会わなかったら今の自分がいないのは容易に想像がつきます。

出版のきっかけをつくっていただいたネクストサービス株式会社代表取締役の松尾昭仁様、大沢治子様。この企画を形にするために一緒になって考えてくださいました。

この本を形にしていただいた日本実業出版社の安村純様と同社の皆様。初めての経験で執筆がなかなか進まない中、多くのアドバイスをいただき、ここまでくることができました。

本当にありがとうございます。

そして、何よりもこの本を手に取っていただいた方々、本当にありがとうございます。

ひとり社長として頑張っている皆様のビジネスがさらに上向き、より楽しく仕事ができるきっかけになりますように。

小澤 歩

小澤　歩（おざわ　あゆむ）
有限会社グレイズ／代表取締役。(一財)ブランド・マネージャー認定協会／マスタートレーナー。デザイナーとして独立したものの、営業経験もなく強気の価格交渉ができないことに悩む。そこで「向こうから選んでくれるブランディングづくり」を研究。ブランディング活動で優良な顧客が集まり単価を10倍以上にすることに成功。その経験を基に現在は企業へのブランディングや販促のコンサルタントとして活動し、起業家育成も行っている。またブランディング等の講師として、富士ゼロックス、NTTドコモ、リコー、キヤノン、リクルート、宣伝会議等でセミナー・講演実績多数。

Webサイト：https://ozawaayumu.com/

単価を上げても選ばれ続ける
ひとり社長ブランディング

2023年5月1日　初版発行
2024年2月1日　第3刷発行

著　者　小澤　歩 ©A.Ozawa 2023
発行者　杉本淳一

発行所　株式会社日本実業出版社　東京都新宿区市谷本村町3－29 〒162-0845
編集部　☎03-3268-5651
営業部　☎03-3268-5161　振　替　00170-1-25349
https://www.njg.co.jp/

印刷／厚徳社　　製本／共栄社

ISBN 978-4-534-06012-9　Printed in JAPAN